朱丹溪

弃儒从医

党梓铭 编写

图书在版编目（CIP）数据

弃儒从医　朱丹溪 / 党梓铭编. —— 长春：吉林出版集团股份有限公司，2020.2（2023.5重印）
ISBN 978-7-5581-7927-3

Ⅰ.①弃… Ⅱ.①党… Ⅲ.①朱丹溪–传记 Ⅳ.①K826.2

中国版本图书馆CIP数据核字(2019)第260359号

| 弃儒从医　朱丹溪 | 编　写 | 党梓铭 | **责任编辑** | 黄　群 |
| QI RU CONG YI ZHU DANXI | 策　划 | 曹　恒 | **封面设计** | MM末末美书 |

开　本	710mm×1000mm　1/16	出版/发行	吉林出版集团股份有限公司
字　数	75千	地　址	吉林省长春市福祉大路5788号
印　张	8	邮　编	130000
版　次	2020年2月第1版	电　话	0431-81629968
印　次	2023年5月第2次印刷	邮　箱	11915286@qq.com

| 印　刷 | 三河市金兆印刷装订有限公司 | ISBN 978-7-5581-7927-3 | 定　价 | 39.80元 |

版权所有　翻印必究

前言

中医文化是中国优秀传统文化的重要组成部分，具有创新文化的潜质。中医学是中国传统科学中沿用至今的富有中国文化特色的医学，它具有完备的理论体系，独特的诊疗方法和显著的临床疗效等特征。在中华民族五千年的历史长河中，中医学始终担负着促进人身健康的重要角色，是中华民族长期同疾病作斗争的智慧结晶，它为中华民族的繁衍昌盛提供了重要保障。

《弃儒从医 朱丹溪》这本书主要收录了朱丹溪的成长经历和奇闻逸事等，读者通过这些故事，可以了解中医名家救死扶伤、拯救天下苍生的医德精神和中医文化的博大精深。

本书内容通俗生动，易于读者阅读。书中配以与中医文化知识相关的图片，并选取了具有代表性的丹溪文化园等风景名胜作为跨页大图，使本书的内容更加生动传神，更具亲和力和吸引力。本书不仅是为了让读者了解中医文化，更是为了讲好"中国故事""中医故事"。

希望通过本书，读者对优秀中医文化会有更加深刻的了解和认识，能够更加热爱中医文化。通过我们对医学名家的传颂，优秀的中医文化必将再放异彩。

目录

第一章
任侠青年　有志理学 —————— 1

第二章
投拜名师　潜心学艺 —————— 19

第三章
坚定信念　厚德精术 —————— 35

第四章
融古通今　善用意疗 —————— 49

第五章
注重正气　倡导养生 —————— 63

第六章
革故鼎新　精于杂病 —————— 79

第七章
著书立说　垂法后世 —————— 97

第八章
被誉医宗　万众铭记 —————— 107

朱丹溪（1281—1358年），名震亨，字彦修，元代医学家，婺州义乌（今属浙江）人。著有《格致余论》《素问纠略》《本草衍义补遗》等。

第一章

任侠青年　有志理学

朱丹溪在童年时受到了良好教育，由于家庭变故，他青年时期变得"尚侠气"，追求真理的信念又使其中年深研理学。

元末的一个夏秋之交，江浙行省信州路（今江西省上饶市）一带暴发痢疾。当地居民大批染病，患者上吐下泻。每天都有人死去，大街小巷哀号不断。虽然地方政府延请多位郎中诊治，可是疫情仍无法控制。尤其是上清镇北乡库桥村，达到了十室九空的程度。

危急之际，一位被人尊称为"神医""朱半仙""朱一贴"的医生在回归故里时途经上清，看到这种情况，紧急指导大众控制疫情。他首先要求隔离病人，防止痢疾传播；之后不顾劳累，亲自诊治，昼夜不歇；他又让身边的亲戚、徒弟每天上山采药；同时，请地方富户出资、出力，架起

灵芝

若干口大锅熬药，分发给所有患者服用。很快，上清的疫情得到缓解，他又赶到临近各处主持防治痢疾的工作。由于措施得力，各地疫情逐步得到控制。

这位"神医"就是历史上被誉为"一代医宗"，金元四大家之一的朱丹溪。

虽然朱丹溪医术高超，但他的从医经历却与众不同，竟然到了40岁才立志学医。他为什么这么晚才开始学医？在此之前他在做什么？是什么事情让他立志学医呢？这要从朱丹溪的人生经历讲起。

朱丹溪，名震亨，字彦修，因其故居有一条名叫"丹溪"的小溪，所以家乡人尊称其为丹溪翁或丹溪先生。朱丹溪于元朝至元十八年（1281年）十一月二十八日诞生于义乌县赤岸村（原名蒲墟村，南朝时称赤岸村，约元朝起也习称丹溪村）。

小溪

朱家是书香门第、官宦世家，祖上又有几代人从医。朱丹溪的堂曾祖朱杓，精通医学，经常提及医德的重要性，著有《卫生普济方》；堂祖父朱叔麒，宋咸淳进士，晚年从事医学，医德高尚；祖父朱环，进士；父朱元，读书人，博学多才；母戚氏，祖上是宋朝的官员。朱丹溪的祖父辈均以忠孝闻名乡里。朱丹溪的母亲戚氏对子女品德和读书方面管教严格。

《故丹溪先生朱公石表辞》（以下简称《表辞》）记载，朱丹溪总是神采奕奕，声音铿锵有力，相貌端庄，眼睛明亮，双目都有大小两个瞳孔（现代医学所讲的瞳孔发生粘连畸变可能会产生这种现象，也可能是后世人由于崇拜朱丹溪，对其神化的一种描写。同样的描写也见于《史记》《艺文类聚》等古代文献，如"舜目盖重瞳子，又闻项羽亦重瞳子""尧眉八彩，舜目重瞳，禹耳三漏，文王四乳"。"重瞳"即一只眼睛有两个瞳孔）。《丹溪翁传》记载，朱丹溪从小天资过人、聪明好学，读书即明白其道理，能"日记千言"，诗词歌赋过目成诵，时人称其为"神童"。他的家族一直很器重他，把他送入私塾，苦读举业，希望他能够通过科举博取功名。但是在朱丹溪十五岁时，父亲病逝，之后大伯和叔叔也相继病逝，家道从此衰落。他在晚年写的《格致余论》里，追忆自己的父亲、大伯、叔叔和弟弟、妻子的患病，"一皆殁于药之误也"。

古代的很多名医都是因为父母或亲人患病而开始学医的，但是朱丹溪亲人的去世，却没让朱丹溪走上这条道路，这是什么原因呢？一是朱家一直培养朱丹溪走科举道路，所以朱丹溪没有学医的想法；二是朱丹溪的家道衰落后，母亲戚氏带着三个孩子艰辛地生活，缺少学医甚至继续学习的客观条件。当时，战乱频繁，孤儿寡母常受欺凌。在艰难的生活中，戚氏仍努力支撑这个家。母亲正直、坦荡的品格和坚韧不拔的精神，给朱丹溪留下了深刻的印象和长远的影响。但家里的顶梁柱都去世了，家道日益衰落，周围的一些大户开始欺负朱丹溪家，特别是有一个豪强觊觎朱家的财产。朱丹溪的母亲对此毫无办法，当然也没办法给朱丹溪创造学习条件。

在这种情况下，朱丹溪只得挺身而出，反击凌辱，逐渐变得充满豪侠之气。他不肯被人欺负，如果被欺负，他一定会怒气冲冲地去衙门告状。衙门因与其家族有旧，经常出面帮助解决问题。长此以往，有人

舜帝塑像

想打他家主意的时候，其他人就摇手劝阻。

　　逐渐地，众乡亲发现朱丹溪疾恶如仇，告状的成功率很高，所以遇到不平的事儿，都喜欢找朱丹溪求助。于是，朱丹溪开始帮人打官司。时间长了，乡亲们都十分感谢朱丹溪。大德四年（1300 年），在朱丹溪二十岁时，乡亲们一致推举他做义乌双林乡蜀山里里正。"里"是乡以下的行政单位，里正作为里的长官，掌管户口、赋税和徭役等。朱丹溪有了这个头衔后，替别人办事、申冤就更加名正言顺了。

　　朱丹溪越来越喜欢打抱不平、行侠仗义，只要是侵犯到百姓利益的事他都要管。《表辞》记载，只要有官府的严苛文书下来，百姓就会聚集到朱丹溪的周围，商量对策。如果文书非常苛敛，朱丹溪就只身前往官府讲理。而官府也多听取其意见，对之前的政令进行损裁。

　　有一个著名的例子：在朱丹溪二十二岁时，朝廷征缴的包银税扩

杭州灵隐寺

大到当地,《表辞》记载"包银之令下,州县承之,急如星火"。百姓生活贫苦,但又不敢拒绝,每个里都有很多人被迫交税。可是朱丹溪负责的里,只交了两个富户的。郡守把朱丹溪召来,说:"这不是一般的税,您不怕掉脑袋吗?"朱丹溪笑着回答:"郡守您是重要官员,头固然应当爱惜,可是我和草民们不用爱惜的。"之后他又说:"包银税如果交过一次,以后就会形成定例,是会贻害子孙的。如果您一定要执行,就把我的家产变卖了来交这个税吧!"郡守虽然生气,却无法让朱丹溪屈服,最终仍然只有这两个富户交税。

还有一件影响较大的事:义乌的一位县令曾经时而奉承,又时而轻侮鬼神,于是想修岱宗祠(祭祀泰山的祠堂,"岱"是泰山的封号)以祈福、灭罪。他对百姓说:"人的生死祸福都是泰山神管的,鬼神给我托梦,说只要修了岱宗祠,泰山神就能保佑当地风调雨顺,保佑县里的百姓丰衣足食。"朱丹溪听到后,面见县令,说:"人的生命是上天和父母给的,上天有好生之德,需要我们去祭祀他们吗?日有所思,夜有所梦,您能确定梦中见到的真是泰山神吗?现在饥荒,百姓多在吃糠咽菜,建议县令您还是先解决百姓的温饱问题,上天才会降福;若修建祠堂,花销巨大,百姓会更饿肚子,上天是不会高兴的。"县令听后,无奈地取消了这个计划。

《表辞》记载,大小官员有听到过朱丹溪名号的,多希望相见;见到后,都想举荐朱丹溪,朱丹溪总是尽力推却。如果遇到扰民的政令,朱丹溪必会再三相告,希望修改。

地方长官也很重视朱丹溪的意见。朱丹溪有时会指出之前发布的政令所不合适的地方,长官经常听取其意见,对政令进行修改。一次,县官去乡里耕种以做榜样,他选择在百姓的私田上进行。朱丹溪怕此举会损害百姓的田,就在道路旁边迎候。县官见到朱丹溪,疑惑地问:"先生有什么事?"朱丹溪委婉地说:"百姓在圭田(卿、大夫、士祭祀耕种用的田)上耕种,是应该尽力的。"县官问:"先生的话我没听明白,我亲自耕种,给百姓做榜样,这不是善举吗?"朱丹溪说:"您不需要在百姓的私田上做榜样,百姓在自己的田上耕种,谁会不尽力呢!圭田赋税繁重,耕种者有很多逃亡的。我的愚见是等圭田到了可以耕种时,您去圭田上劝耕。"县官听罢,微笑着离去。

县令有时征求朱丹溪对刑事案件的处理意见,朱丹溪也会尽心相助。

在东阳,有郭氏父子三人,殴打一个百姓,又将针穿入鱿鱼腹中,逼其吞下,致其死亡。这个案子被移交到义乌审理,义乌县令判父子三人皆死。朱丹溪对县令说:"根据案件的情况,我认为只用父亲的命偿还致死百姓的命即可。两个孩子都是遵父亲命令而行事,应该减

田间

刑一等。如果都杀掉，不是没有轻重之分了吗！"县令听了朱丹溪的建议，觉得有理，便将两个儿子减刑一等。

张甲和李乙在小径中相向而行，李乙携带的器具差点儿触及张甲的眼睛，二人遂发生口角。张甲愤怒地挥拳击打李乙的耳朵，致其死亡。张甲很害怕，便去衙门自首。县官审案时了解到，这二人都很贫困，张甲还有九十岁的亲戚需要奉养，李乙则是孤身一人。朱丹溪对县官说："如果赦免张甲的罪过，则违背法律；如果依法治罪，则张甲会被长期监禁，其亲戚无人奉养将难以存活。我想，李乙的尸体仍然暴露在路上，无人埋葬，不如让张甲先将李乙的尸体埋葬，这样可以减轻其罪刑，以使其高龄的亲戚获得宽慰，之后再来服刑也不晚。"县官问："如果张甲逃跑了，怎么办？"朱丹溪说："张甲不是无赖，以诚相待，便不会逃跑。"县官依照朱丹溪的方法办理，张甲果然归狱。

朱丹溪还总是顾护弱势群体。一次，朱丹溪在寺院休息，寺中的一个尼姑在木头上雕刻人像，做巫蛊之术。这事被门客陈赓看到了，陈赓

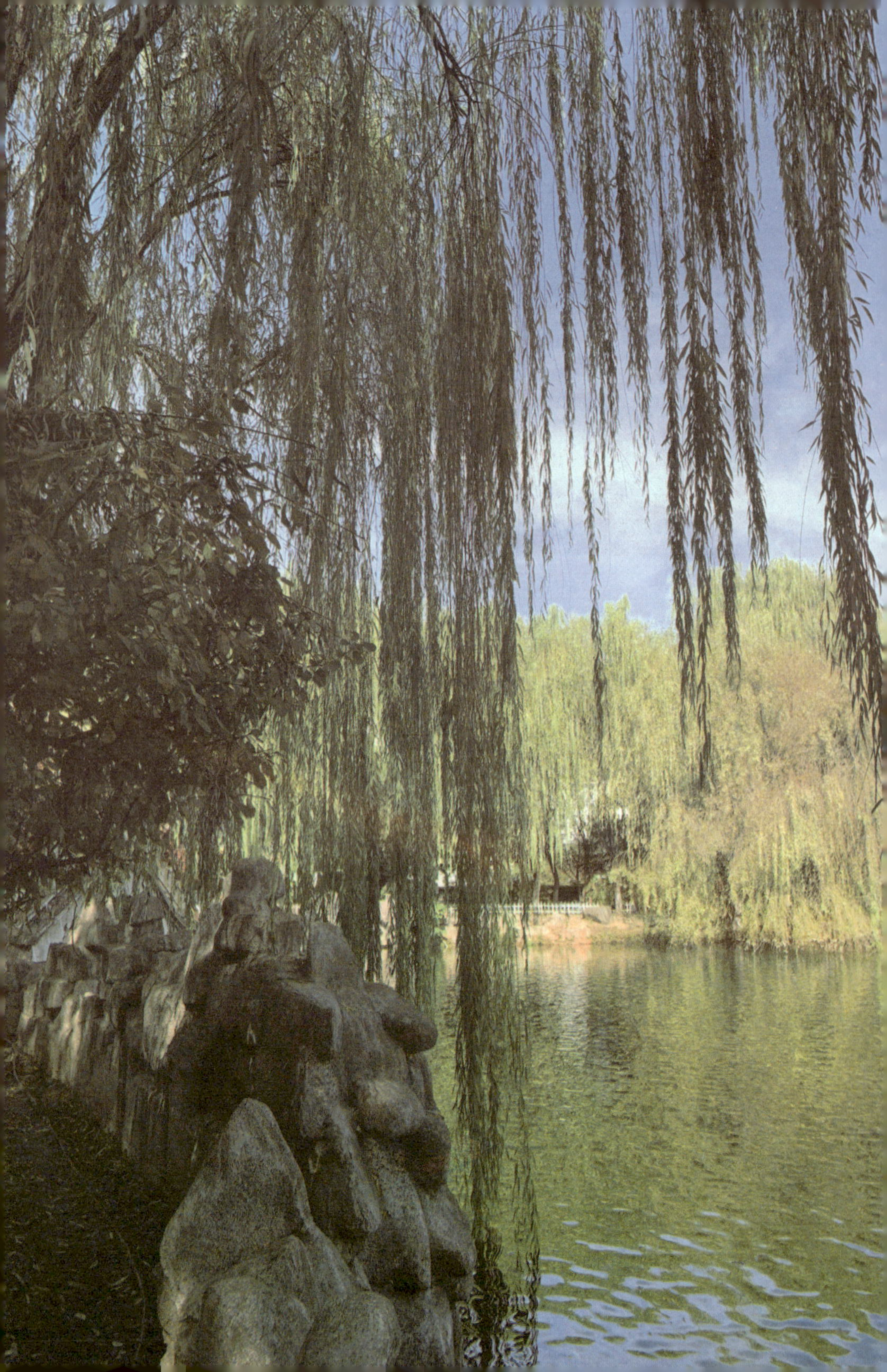

为了得到官府的赏赐，便想告发这个尼姑，尼姑非常害怕。朱丹溪知道后便用计骗陈赓弄碎木刻。陈赓知道被骗后，很生气，诽谤朱丹溪。朱丹溪慢慢地说："你是读书人，在吴楚等地有些声望，如果你告发此事，有损声望；如果你缺钱，我可以给你，不要担忧。"事后，尼姑送金帛相谢。朱丹溪拒绝收受，并斥责尼姑所为，尼姑羞愧而去。

恩泽民众的事，朱丹溪还做过很多，如带领乡亲修筑水塘，以解旱情；宽待砍伐丘木（宗亲墓地上的树木）的百姓等。

朱丹溪三十岁的时候，仍然热衷于打抱不平，似乎一生要与中医绝缘了，但是这一年他的母亲积劳成疾，患了"脾疼"病。

当时，朱丹溪也请了一些医生来，但是治疗效果都不理想。他很担忧母亲身体，于是辞去里正的职务，开始研读《素问》，决定亲自治疗母亲的病。朱丹溪看了三年，"似有所得"，之后又看了两年，便尝试给母亲开方，结果治好了母亲的病。

朱丹溪读《素问》只是为了给母亲治病，没想成为医生，所以母亲的病好了以后，他就不再研读医书。

朱丹溪在治疗母亲疾病期间，国家恢复科举制度。朱丹溪参加考试，没有考中。

这个时候，朱丹溪已经度过了人生近半的时光，他时常感到迷茫、缺少人生方向。《表辞》记载，朱丹溪说过这样一句话："大丈夫不追求真正的道理，只是崇尚侠义，不是很困惑吗？"可是，他却一直找不到明师指教。

延祐三年（1316年），朱丹溪三十六岁时，理学大家朱熹第四代传人许文懿到八华山办学堂讲学。此举当时震动江南，数百学子云集八华山，跟随许文懿。朱丹溪听到这个消息，急切地跑到八华山拜师求教。在许文懿这里，朱丹溪深刻领会到关于人性与天理关系的学说是那样

朱熹雕像

的博大精深、纯正周密。朱丹溪听了以后深受震动，他回想起自己以前的所作所为，惭愧地汗如雨下。于是，他开始认真地学习程朱理学，把它作为专门的学业。

朱丹溪学习非常刻苦，每天晚上跟同学一起探讨、分析白天老师讲的知识、伦理，反省自己的错误，直到凌晨一两点才休息，而且之后一定要用理论指导行动。而且，他做到了"严辨确守，不以一毫苟且自恕"。例如，有一次，在他心中浮躁时猛然反思：许文懿先生讲存天理，灭人欲，一切都要按天理，即自然界万物运行的规律来做事，而且要控制自己的欲望；先生还经常讲格物致知，即通过自己的理性分析，而非情感，来了解世间万物发生发展变化的规律。于是，朱丹溪立刻反省自己的错误。由于经常做这种严格的内省，使他的性格逐渐改变，性情从急躁变得温和，做事总是以理服人。

时光飞逝，朱丹溪在许文懿这里已经学习了四年。这四年，朱丹溪的学术日益精进，心性日益提高。现在的朱丹溪已经40岁了，他觉得自己学业已经大有所成，又想去参加科举考试。

地方官为赴试者们设宴送行。正当朱丹溪宴饮之际，传来了他妻子病逝的消息。朱丹溪

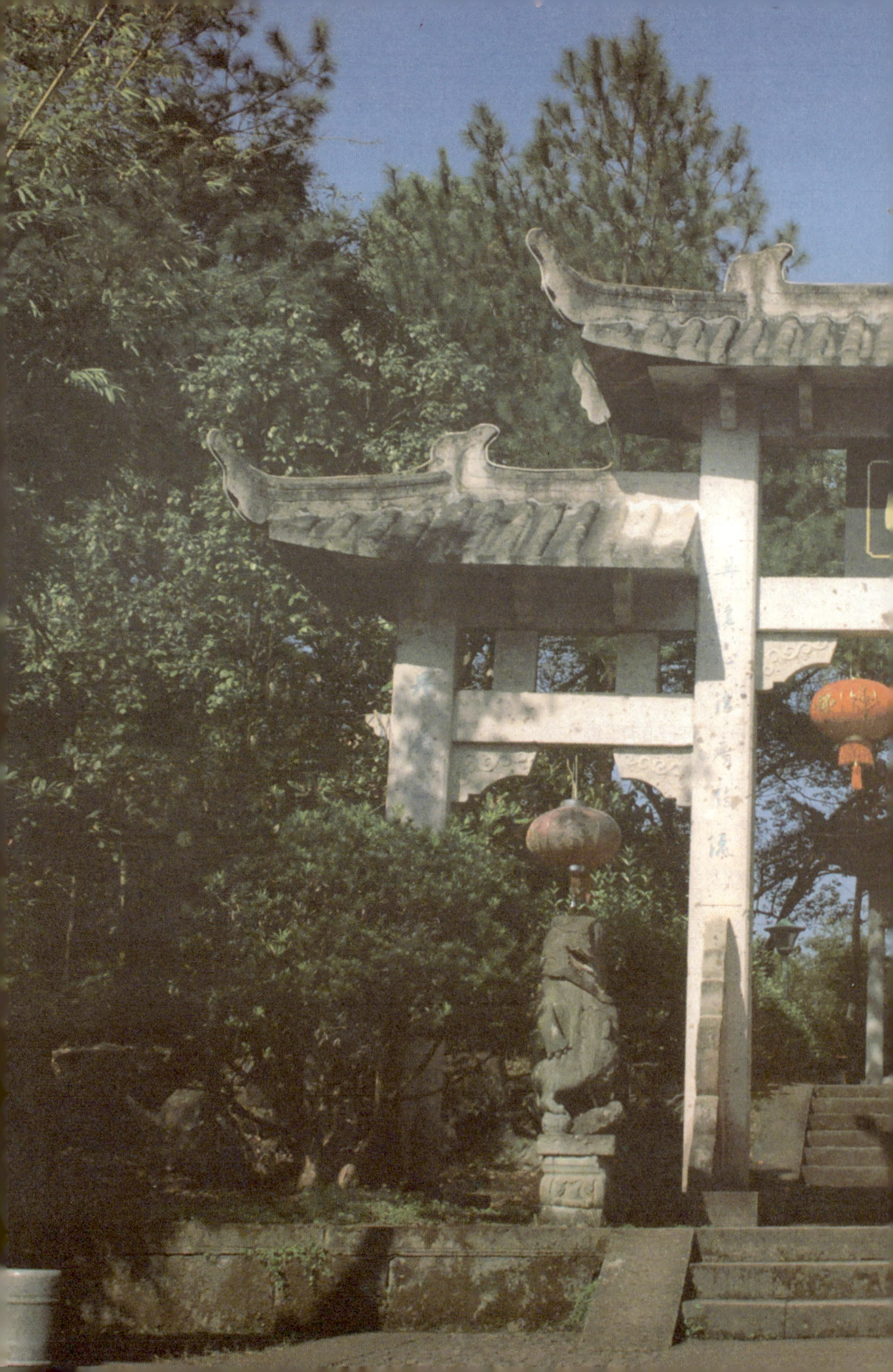

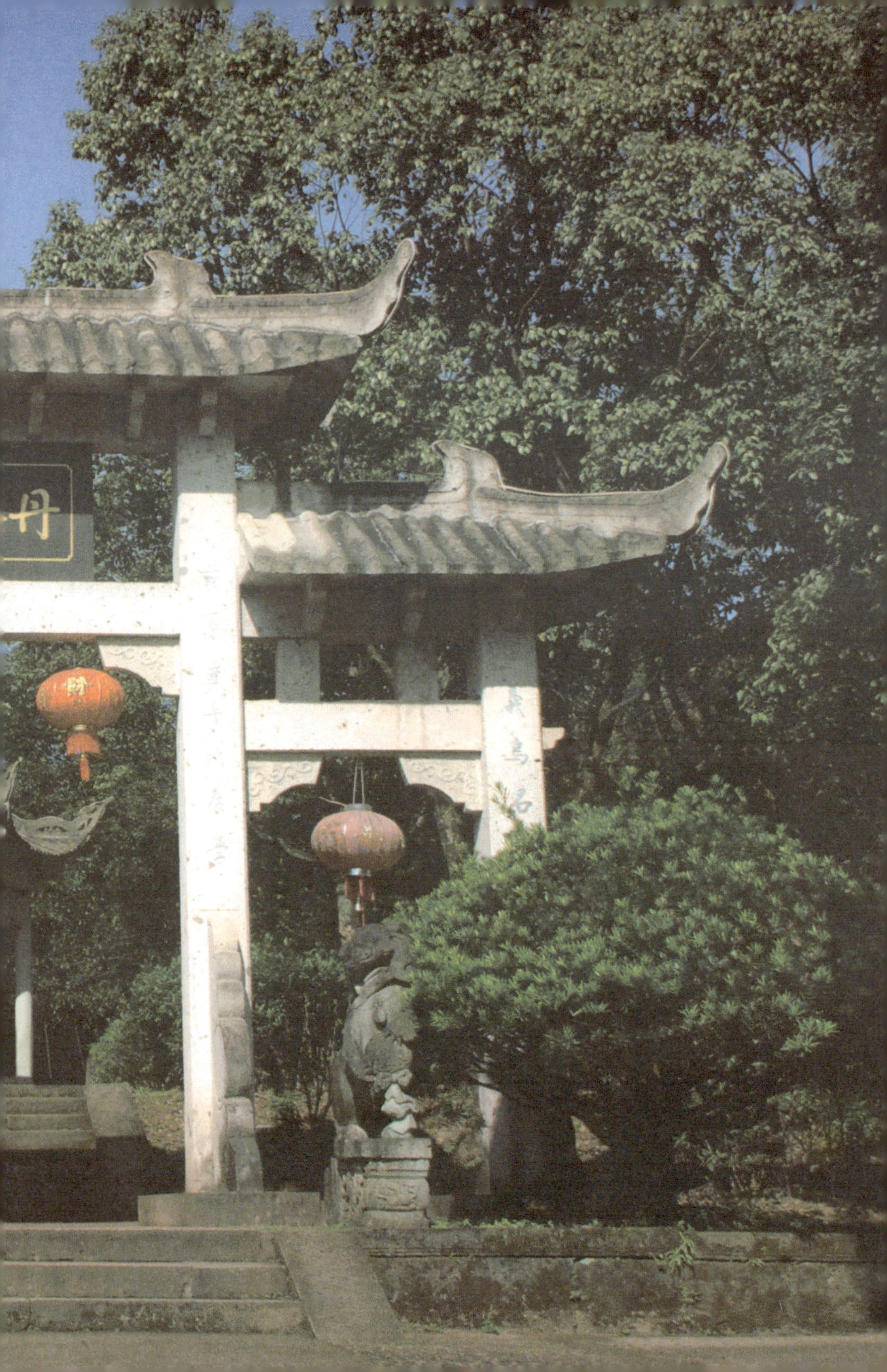
丹

极为悲伤,"心胆摧裂,痛不可追",大病了一场。病愈后,他已经来不及参加考试了。朱丹溪觉得自己没有通过科举而做官的命运,叹息道:"得到与失去都不是我能决定的。如果我尽力传播理学思想,不是和通过科举做官一样,能利益他人嘛!"于是,他在祖先建的"适意亭"遗址上新造祠堂以做祭祀;又在祠堂之南重新建起"适意亭",让同族子孙在里面学习理学。

朱丹溪受到打击后,情绪始终有些低落。他向许文懿倾诉:"我的爱妻去世了,自己又错过了考试,我到现在还一事无成,感觉前途渺茫。未来的路该怎么走呢?"许文懿已经观察朱丹溪很久了,觉得其特长不应该在考取功名上,但一直没有机会明说。现在,朱丹溪问及自己,于是他说:"我身体不好,卧病很久了,一般的医生都治不好。你的聪明程度超过常人,肯不肯把你的聪明才智放到医学领域里去呢?"

许文懿一直患有心痛病,治了几十年以后,腿脚都有些萎软了,

艾蒿

行动不便。《格致余论》记载："许文懿刚开始得心痛病的时候，医生用的尽是燥热、香辛之药。治疗数十年后，出现足部痉挛疼痛，且怕冷、经常呕吐等问题。之后又用更加燥热的药治疗数年，且频繁艾灸，但疼痛愈发厉害，几乎成了废人，医生也没有办法了。这样又过了数年。其间因烦渴、厌食，用了半个月通圣散，出现腹部拘急，肛门常感便意、烧热，便下积滞就像五色烂锦，又满是油腻，继而心痛病有所好转，又过了半个月而略思食，但行走困难没有好转。"

许文懿的这番话让朱丹溪动容，他想："我平日里就怀惠民之心，总是希望做能够长久且有益于百姓的事。既然无缘科举，五位家人又先后被误治而死，我还不如当个良医。"于是，他对许文懿说："读书人如果精通一门技艺，用来推广惠及万物的仁德，即使在当世没有做官，也和做官一样。"于是，朱丹溪烧毁、抛弃了以前用于科举考试的书籍，专心地在医学上下起了功夫。

知识加油站

溪水"丹溪"名字的由来

赤岸村有朱、王两大姓，世代通婚，花红鼓乐、宝马雕车总是映红溪水，故习称其为"丹溪"。

丹溪文化园

第二章

投拜名师　潜心学艺

"读前人之书，当知其立言之意"，这是朱丹溪善于思考的写照，加之坚忍不拔，感动罗知悌倾囊传授，终得医术大成。

在朱丹溪生活的时代，医学界盛行陈师文、裴宗元校订的《太平惠民和剂局方》（简称《局方》）一书。朱丹溪不分昼夜地研习《局方》，时常觉得书上的方剂不能完全符合当时人的病情。比如很多病人阴虚较重，但众多医家仍然用温燥的方剂治疗，而且很少随症加减化裁，有些病人用药后病情加重，甚至死亡。于是，朱丹溪感叹道："拿古代的方剂来治疗现代的疾病，势必不能够完全适合。如果要建立法度、确立规则、制定标准，一定要明白《素问》《难经》等经典，但我家乡的众多医生中并没有通晓它们的人。"无奈，朱丹溪只能自己参悟，再次把以前读过的

《素问》拿出来。这次重新研读已经有了很大不同，一方面，朱丹溪已经打下了较为深厚的基础；另一方面，此时的朱丹溪已经受过了正统的理学训练，总是把医学和理学结合起来，互相印证、解释。理学对朱丹溪医学启迪之大、影响之长远，远超他人想象。戴良记载，朱丹溪经常参考《易》《礼记》《通书》《正蒙》等书，与《素问》互相印证，而且凡是他人所述涉及理学方面的，朱丹溪一定兴趣盎然、谆谆训诲而使人感悟。由于上述原因，他再次学习的收获比之前大得多。

朱丹溪认为，"如果读书不知道意思，只求适用，是没法学透的"。但是《素问》言语简单而意义深广，成书年代已经很久远，不可避免地有衍文错简，所以仍然有很多地方弄不懂。他说："到四十岁的时候又把《素问》取出来重新读，但是因为资质愚钝，虽然不分昼夜地钻研，还是有不懂的地方。我把读不懂的地方放在一边不管，先把能读懂的都读通、记住了。"

朱丹溪又学习了四年《素问》。之后，他想求教高明的医生，把自己不懂的地方弄懂。他还一直有一个很大的困惑：觉得名医张从正的攻下法非常孟浪，与《内经》、仲景之意差别很大，但毕竟张从正是驰名中土的医家，治法必有独到之处。朱丹溪询问过多位医生，始终没有得到令人信服的解释。而且他还想增加临床经验，所以决定去拜名师。泰定二年（1325年），朱丹溪渡过钱塘江，走到吴中（今江苏苏州），从宛陵（今安徽宣城）出来，到南徐（今江苏镇江），抵达建业（今南京），但都没能遇到理想的师父。在定城，他得到了刘完素的《素问玄机原病式》和李东垣的方稿，读后，更加深了张从正治病孟浪的看法。

朱丹溪返程走到武林（今杭州）的时候，遇到一个叫陈芝岩的人，把同一郡的罗知悌推荐给朱丹溪，说这位罗老先生是当世第一医家，之后把朱丹溪领到了罗知悌的宅院前。

《黄帝内经素问》

第二天，朱丹溪整理好行装，满腔热忱地来到了罗知悌的府门口，请求门人通禀罗知悌。门人禀报后出来说："老先生没时间见你。"之后，朱丹溪接连数日请求拜访。门人很不高兴，斥责了多次。有一天，苦闷的朱丹溪拜访罗知悌的仆人，仆人详细地介绍道：罗知悌，字子敬，世人称其为太无先生，是刘完素的再传弟子，又曾经是南宋理宗朝的太监，由于医术高超，很受理宗的赏识。而且罗知悌博学多才，天文、地理、书法、文章等无一不精。在北京逗留期间，罗知悌又学习了张从正和李东垣的学问（注：在后世，医学界认为金元时期有四位顶级大家，前三位分别是刘完素、张从正、李东垣）。由于医术高超、远近闻名，慕名拜访的人不计其数。然而罗知悌很清高，脾气又古怪，厌恶侍奉他人，世人也都很难合乎他的心意。听仆人这么一说，朱丹溪明白了罗知悌不愿相见的原因。

朱丹溪不甘心放弃学习机会，于是每日拱手站立于罗知悌府门外，

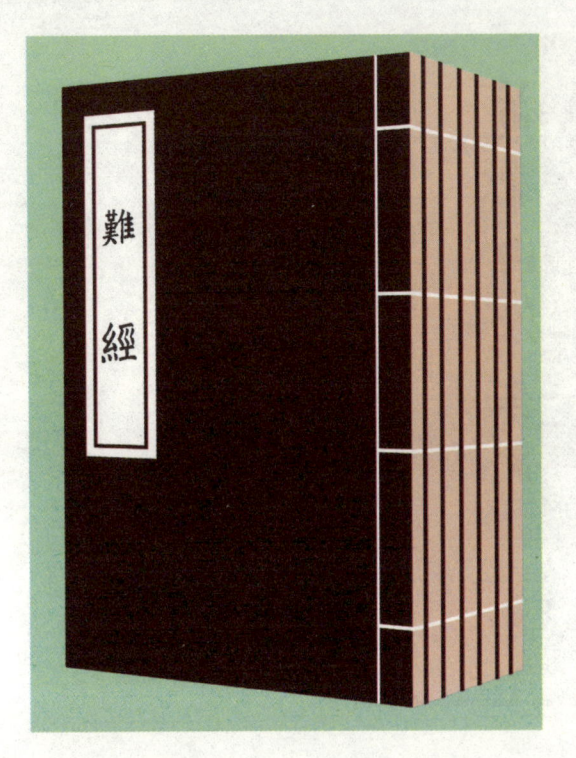

《难经》

即使电闪雷鸣、雨如倾盆也不动摇。这样整整坚持了三个月。到了第四个月，有人对罗知悌说："朱彦修在社会上很有声望，也有些医名，已经虔诚地求见您三个月了。您如果再不相见，恐怕众人会议论您。"罗知悌也被朱丹溪的执着感动，于是修整容貌，接见朱丹溪。没想到他和朱丹溪"一见如故交"，见到朱丹溪就像见到老朋友一样。他高兴地说："你不是朱丹溪吗！"

朱丹溪见到罗知悌之后，面朝北跪拜两次，正式拜罗知悌为师。罗知悌对朱丹溪说："一定要深入学习《素问》，名医张元素曾经刻苦攻读此书，有一天晚上，他梦到一位神仙拿斧子砍开其胸，将书放入，可见其对此书的用功之深。""学医之要，根本在于《素问》《难经》，而湿热相火为病最多，世人很少有知道的。张仲景的书，详于外感；李东垣的书，重在内伤；两者结合，治疗疾病才没有遗憾。拘泥于《局方》，难成良医。"然后，罗知悌把刘完素、李杲、张从正三人所有的书都给了朱丹溪，并阐发三家学说的宗旨，都一概取决于《素问》的论述。他又说："完全舍弃你原来学过的医术，因为它们不是正道的内容。"朱丹溪听了他的话，如醍醐灌顶。

朱丹溪开始跟随罗知悌学习。他后来在《格致余论》里回忆学习经历说，罗知悌年岁已高，身体不好，所以诊病不是让患者到诊室看，而是自己在床上躺着，要徒弟去诊脉、记录病情，然后来禀告，之后罗知悌口授患者的病名、用药，徒弟在一旁记录。罗知悌用药善于加减变化，曾经告诉朱丹溪："用古方治今病，就像拆旧屋盖新屋一样，木材不是一样的，如果不经工匠的手打磨，怎么能用呢！"在随罗知悌学习的一年半里，没看到罗知悌用过一个固定的方子。这让朱丹溪坚定了辨证论治的信念。

朱丹溪记载过一个随罗知悌跟诊时看到的典型医案，这个医案对朱丹溪影响很大：有一天，罗府仆人将一个面黄肌瘦、袈裟破旧不堪、瘫倒街头的和尚抬进府。罗知悌通过问话得知，这个和尚二十五岁，是四川人，出家时母亲在世，在浙江为僧已七年，最近越来越思念母亲，但没路费回家，每天对着西边哭泣，逐渐体弱不支，终于瘫倒在街头。罗知悌听完病史后，安排和尚在他隔壁住下。他让朱丹溪诊脉，之后汇报。朱丹溪认为和尚是瘀血阻滞，应用祛瘀血与化痰积之药治疗。可是罗知悌让朱丹溪煮牛肉、猪肚及一些肥甘之物，要煮得烂如糜状，让和尚暂将戒律搁置，每天食用。和尚吃了半个月，精力逐渐旺盛。这期间，罗知悌经常安慰他，之后让和尚一天内服用三剂桃核承气汤。和尚服药后，腹泻十余次，泻出的都是黏腻污浊之物和血块。第二天，罗知悌给其喝煮烂的蔬菜、稀粥。喝了半个月，和尚病愈了。和尚身无分文，不知如何报答。罗知悌说："我只是想救你的性命，不求回报。"并给了和尚十锭银子做路费。和尚感激涕零。

朱丹溪对这个治法有些不解，于是罗知悌给朱丹溪讲了一个李东垣的故事："有一年，成吉思汗的军队围攻金国的汴梁城，城中饿殍遍地。开禁后，死者仍在增多。医生们按瘟疫来治，或者发汗，或者泻下，但多无效果。李东垣看到这些病人普遍神疲乏力、少气懒言，认定这不是瘟疫，而是围城时城中缺粮，百姓都忍饥挨饿，导致脾胃受损，气血耗竭而致。于是，他给几个患者服用治疗脾胃的药，多数患者在吃过药后身体好转、康复。之后，他又制定出补中益气汤等几个方子，磨成药粉给众多灾民吃，康复者不可遍数。很多其

杭州灵隐寺

秋梨

他的疾病，在脾胃恢复之后，也逐渐治愈。从此，李东垣创立了脾胃学说。"另外，罗知悌还告诉朱丹溪，对于身体虚弱的患者，张从正在著作里提出，用药攻邪前后，要让患者以谷肉果菜补养身体。所以，张从正并非不注重顾护正气。这就是"读前人之书，当知其立言之意"。

　　罗知悌讲这两个故事，是为了让朱丹溪体悟到补益正气的重要性。朱丹溪从这个病案中学到了罗知悌不计个人得失、一心为患者的大医之道，更重要的是通过这个病案，加上罗知悌的讲解，使自己茅塞顿开。比如，朱丹溪曾经认为张从正"只重视攻击，认为生病是因为邪气所致，如果邪气去除则正气自然安定，疾病痊愈"，这样的攻击祛邪易伤正气；另外，他还认为补益派强调治病应该先补气，也有失偏颇。此时，

蔬菜

朱丹溪明白了罗知悌治疗和尚这个案例，就是用的张从正的攻邪之道，在身体很虚弱的时候，要先补充正气后再泻下，否则，"邪去而正气伤，小病必重，重病必死"。

在以后的行医过程中，朱丹溪非常注重顾护胃气和攻补方法，在《格致余论》中有专篇《病邪虽实，胃气伤者不可攻击论》和《张子和攻击注论》谈及胃气的重要性和对张从正的理解过程。

朱丹溪学了一年半，就全部掌握了罗知悌的学说，心里也没有阻碍不通的问题了。罗知悌说："我已经把学问都传承给你了，到了告别的时候了。"朱丹溪不忍离去，罗知悌劝朱丹溪尽快回去给许文懿治病。

朱丹溪回到家乡，见过母亲，即刻赶往八华山许文懿处。许文懿家乡拘泥于陈师文、裴宗元学说的众医生，听说朱丹溪没有学《局方》，而是学了《素问》《神农本草经》《伤寒论》、攻下、补土等书和学说，都质疑朱丹溪。朱丹溪说："医药，如果没有《素问》就不能立论，没有《本草》就不能主方。有方无论没法识病，有论无方无以治疗。可是《局方》在用方及治疗方面都有欠缺。但是《局方》是宋朝官方修订的，流传颇广，到现在，不学《素问》《本草》，只是照搬《局方》已经成为习俗……人之一身，阴不足而阳有余，虽多次见于《素问》，而前辈们没有明确指出，所以医生们仍然喜欢用温燥的《局方》方剂。"

众医家听了朱丹溪的这种言谈，大表惊怪，纷纷嘲笑、排斥他。

许文懿却高兴地说:"我的病大概就要痊愈了吧!"许文懿这么说,一方面是信任朱丹溪,另一方面是许文懿患病的十几年中,众医生用药总是照搬《局方》,疗效普遍不佳。

朱丹溪再次见到许文懿的时候,许文懿的双脚已经不能走动了。朱丹溪开了几剂药,虽有疗效,但仍不能行走。朱丹溪仔细分析,认为虽然疾病在双脚,但根源在脾胃。脾胃虚弱,导致痰停血瘀,虚实夹杂,引起了四肢不用和其他许多疑难杂症。朱丹溪认为,"病在上焦的,应以吐法为主;病在下焦的,应以下法为主;病在中焦的,吐下法都要用,要灵活变通"。于是,他首先买黄牡牛的牛肉一二十斤,煮得烂如米粥,

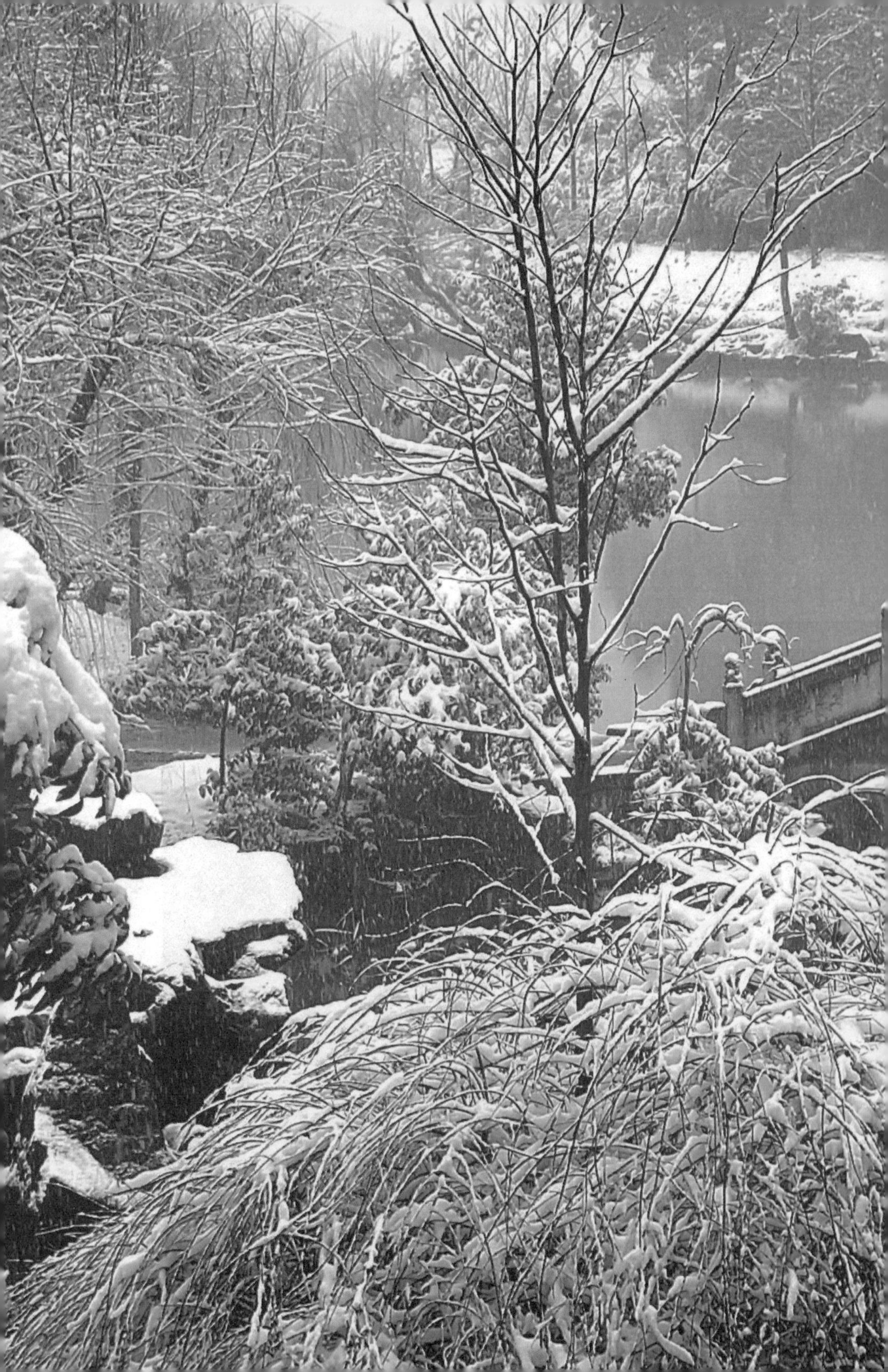

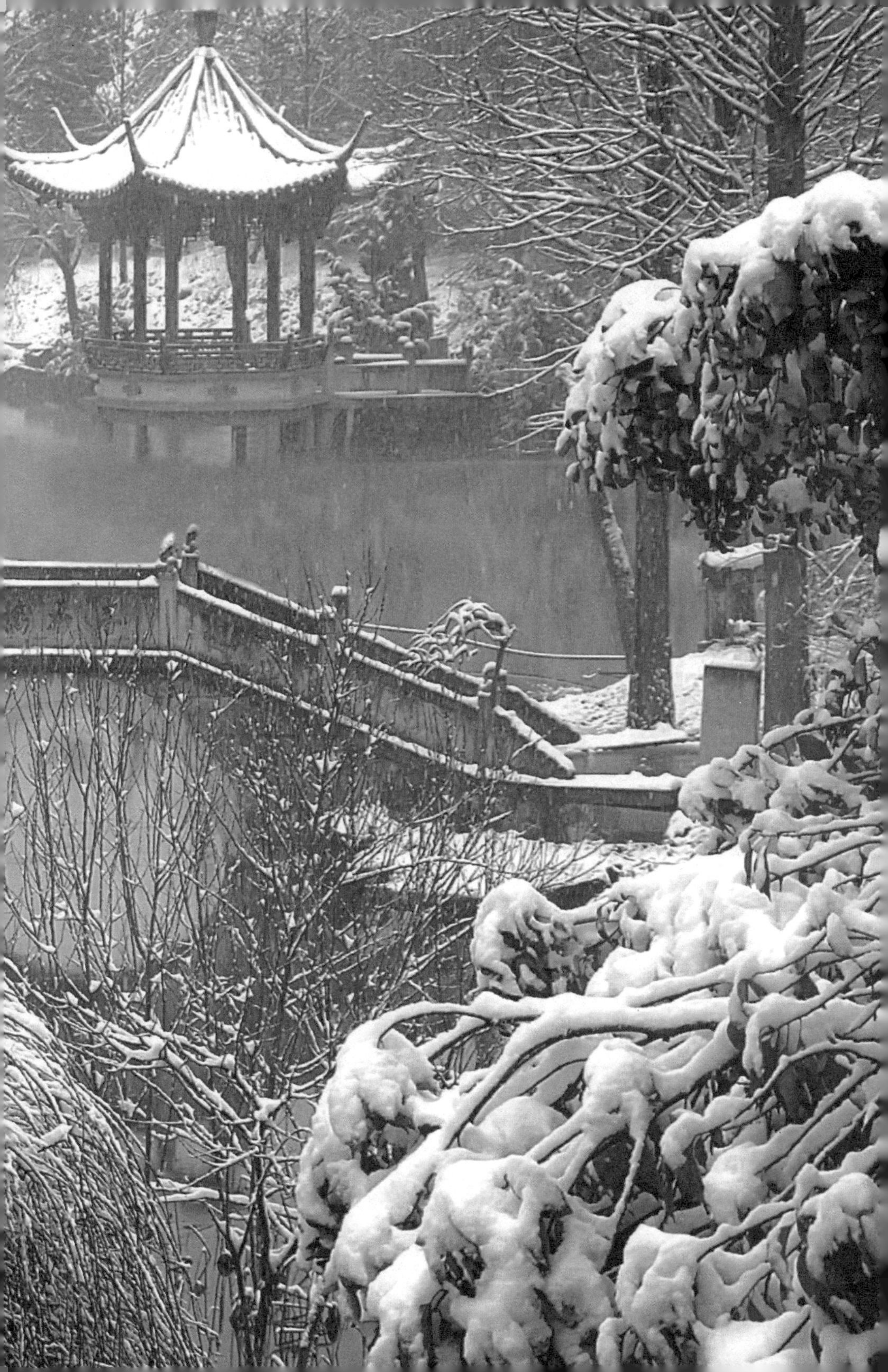

黄牛

用布过滤掉渣滓，然后把汁放入锅中，熬成琥珀色，取熬成的肉汤，让许文懿每次饮一盅，频频饮用，饮了数十盅。随后，许文懿开始上吐下泻。朱丹溪让许文懿在一个密闭的屋子内休息，如果渴了，就喝自己的尿（这种尿疗法，至今仍有相关研究和应用，朱丹溪被日本医学界奉为尿疗法之祖）。接着，他让许文懿尽可能地多睡觉。饿的时候，朱丹溪让许文懿缓慢喝牛肉粥和菜粥。之后用药治疗，同时清淡饮食半个月，以调和脾胃。经过精心地治疗和调养，许文懿的病情明显好转，疗效"节节如应"，几个月就恢复了健康。第二年，许文懿又生了一个男孩儿，又过了十四年才寿终。治好了许文懿的疾病之后，朱丹溪又将剩余的药给了一位有多年腿脚疾病的妇女，这位妇女服药后也逐渐痊愈了。由此，嘲笑朱丹溪的众医生才都心服口服。

后来，朱丹溪又用类似的方法治疗过多例这样的患者。他将此方法总结后，记载到了《格致余论》里。

知识加油站

丹溪母亲患何病？

文献记载其患脾疼。路志正、章真如引《中医药通假字字典》"脾"注：通瘅（痹）。指出其患"痹"。

西湖畔的花溪

第三章

坚定信念　厚德精术

"窭人求药，无不与，不求其偿，其困厄无告者，不待其招，注药往起之，虽百里之远弗惮也……"这是朱丹溪一心为患的真实写照。

朱丹溪随罗知悌学医的时候，罗知悌给朱丹溪讲过李东垣选择传人的故事：李东垣晚年想把自己的医术传承下去，前提是被传承者要为人厚道、聪明好学。他的周姓朋友给他推荐了罗天益。李东垣问罗天益："你来学医，是为了赚钱呢，还是为了传播医道呢？"罗天益回答："也要传医道。"罗天益后来和李东垣一样，成为一代名医。罗知悌希望用这个故事，坚定朱丹溪的医道之心，只有这样，才能更好地钻研医术，竭诚救治患者，登上医学的至高境界。

朱丹溪没有辜负罗知悌的希望，他从小就素怀惠民之心，随罗知悌学成后，更

孙思邈雕塑

是心系病患,不计个人得失,以孙思邈的"发大慈恻隐之心,誓愿普救含灵之苦"理念为己任。后世称他为"一代医宗",不仅是对他高超医术的由衷赞叹,也是对他高尚医德的真心赞美。

从朱丹溪与另一位名医葛可久之间的交往就能看出朱丹溪这种医德。明代徐祯卿《异林》记载:浙中有位女子患肺痨(肺结核),剧烈咳嗽、咯血,骨瘦如柴。病家求朱丹溪诊治。经过长期治疗,疾病得以痊愈,但脸颊上的两个红点始终不消退。朱丹溪对病人家属说:"吴县的名医葛可久擅长治疗此病,需要请他来继续治疗,才能完全好。不过这个人性格放荡,不受拘束,恐怕你请不来。我写一封信给你带去,他必定会来。"

于是,病人家属立即乘船去请葛可久。到了葛可久处,看见葛可久正在与众人打牌。病人家属不敢打扰,在厅里等候。过了一会儿,

《十药神书》

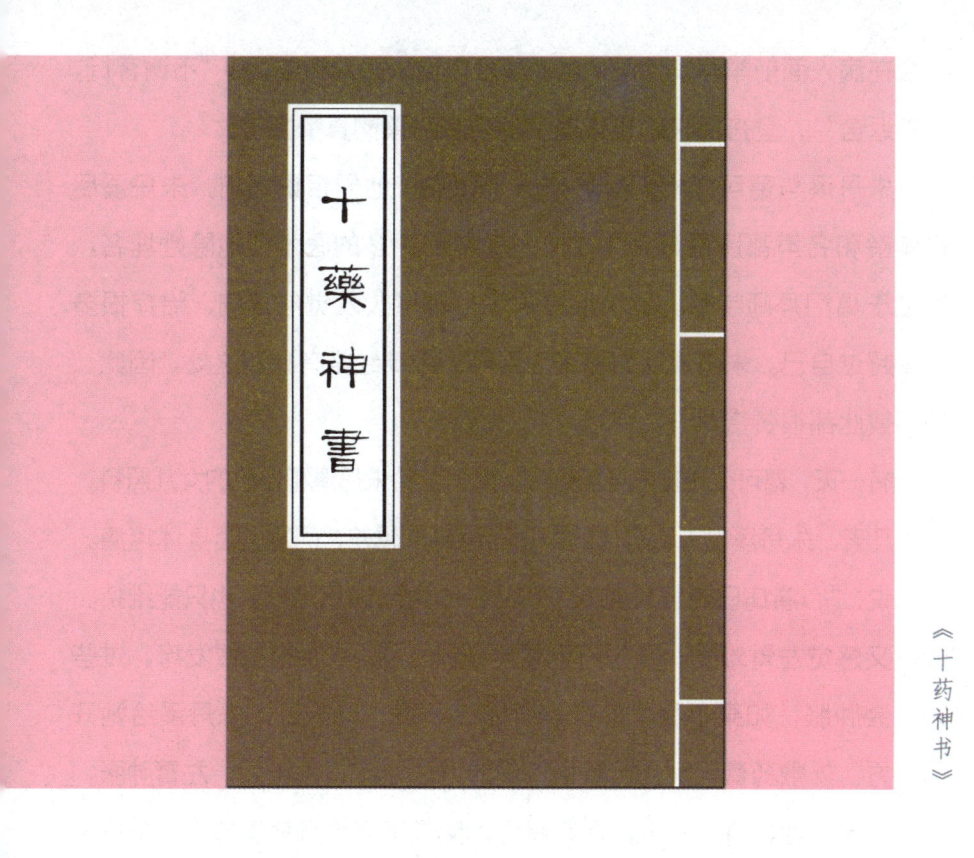

葛可久看见了病家,问:"你有什么事?"病家跪下,把朱丹溪的信呈上。葛可久阅后,没与众牌友打招呼,也没有回家,立即乘船而来。

到了病人家,朱丹溪介绍了那女子的病情。葛可久又看了看女子的状态,认为应针刺两乳,以清泻热邪、消散淤滞。病家很为难。葛可久见状说:"请用衣服盖住乳房。"于是,他隔着衣服针刺。随着手法的持续,病人脸上的红点逐渐消失。病家很高兴,拿出重金酬谢。葛可久笑着说:"我不要酬谢,我为丹溪先生而来,岂是在乎你的馈赠。"

在知名度上,朱丹溪比葛可久有名,但毕竟寸有所长,尺有所短,在治疗肺痨方面朱丹溪逊于葛可久。葛可久所撰的《十药神书》是我国现存第一部治疗肺痨的专书,直到现在还具有重要的参考价值。朱丹溪如果没有宽广的胸怀,没有心系病患、不计个人得失的信念,是不会在病人面前举荐其他医生的。葛可久见朱丹溪的信,即"不谢客行,亦不返舍",登舟而来,也体现了他与朱丹溪的真挚情谊。

朱丹溪与葛可久相识有这样一个传说。他们相识之前,朱丹溪尽管年龄和名声都比葛可久大,但为了学到更多的医术,他隐姓埋名,投之于葛门拜师学艺。三个月过去了,葛可久发觉他诊病、治疗很多时候超过自己。朱丹溪认为葛可久用药、用针经常有独到之处。因此,他们彼此都很赞赏对方。

有一天,葛可久说自己要出远门,家里交给朱丹溪和自己的女儿照料。过了几天,朱丹溪发现葛可久的女儿面色越来越差,问她是否身体疼痛。女儿说:"心痛病已经很长时间了,父亲一直给自己治疗,也只能维持。近日又感觉左臂难受。"朱丹溪给她切脉,说:"你的左臂发痒,过些天将会肿胀,如果不尽早治疗,可能会溃烂。"于是,朱丹溪给她开汤药方、外敷药膏。女儿照着朱丹溪的方法治疗,两天后,左臂肿胀,五天后流脓血,流了三天,逐渐减轻,又过了半个月就痊愈了。朱丹溪又继续给她治疗数日。

大概两个月后,葛可久回来了,见到女儿身体明显好转,心中疑惑。女儿告诉父亲:"是师兄治好了我的病。"葛可久忙请教朱丹溪治疗方法。朱丹溪说:"如果直接将心痛病的病情告诉师妹,师妹必会常因此而忧虑恐惧,这对她的疾病来说是雪上加霜。此次正好她的左臂有病,我将她的注意力引到手臂上,不让她去想原有的心痛病。之后内外同调,散瘀、解毒,治好了手臂。由于心脉循于手臂,也同时治疗了心痛病。之后又用药调养数日,就治愈了。"葛可久说:"我此次出远门,正是外出求访能治此病的医生,不想在空手而回时,女儿却已经痊愈了。"

这时,葛可久才知道他的这位"弟子"是朱丹溪。此后,朱丹溪和葛可久惺惺相惜。

朱丹溪请葛可久给患者治病，是朱丹溪高尚医德的写照。关于朱丹溪医德的故事还有很多。《表辞》记载，朱丹溪学成后，"四方以疾迎候者无虚日，先生无不即往，虽雨雪载途，亦不为止"。例如，在朱丹溪晚年的时候，有一天傍晚，张进士的家人冒着倾盆大雨来到朱丹溪府上，说进士的二公子头上发了很多疮，今天突然疮收了，呼吸急促，面色苍白。二公子还不到两岁，如果在这么恶劣的天气里将其抱来怕病情加重，家里急得团团转，实在无奈，只好求先生赶快前往。朱丹溪听了，意识到病情危重，立即准备药箱出诊。朱丹溪的仆人说："您这么大年纪了，能不能等雨小点儿再走？"朱丹溪答："病人和其家属在痛苦中度日如年，咱们怎么能因为自己贪图安逸而耽误患者呢！"随即，他披上蓑衣，拎着药箱，带着仆人，在雨中艰难地奔向患者家。到了患者家已经很晚了，此时，患儿已经昏睡。朱丹溪即刻给患儿开了药方，之后在旁边守护。半夜时，朱丹溪已极为疲倦，刚打盹儿，突然听到孩子啼哭，原来患儿已经清醒了。张家所有人跪下谢朱丹溪。几天后，孩子的病痊愈了。

朱丹溪以其高尚医德和精湛医术，吸引了很多人跟随学习。《丹溪

斗笠、蓑衣

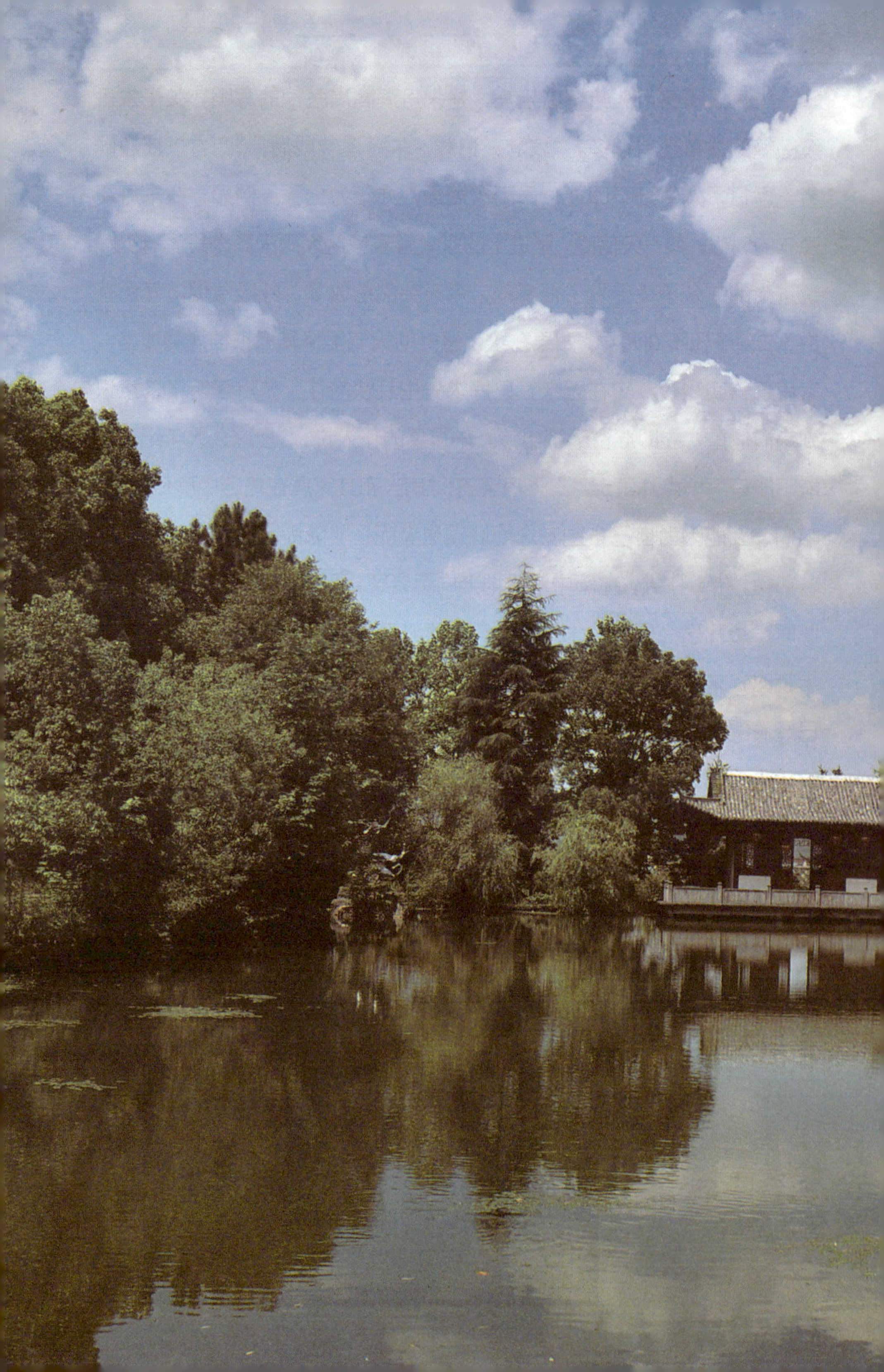

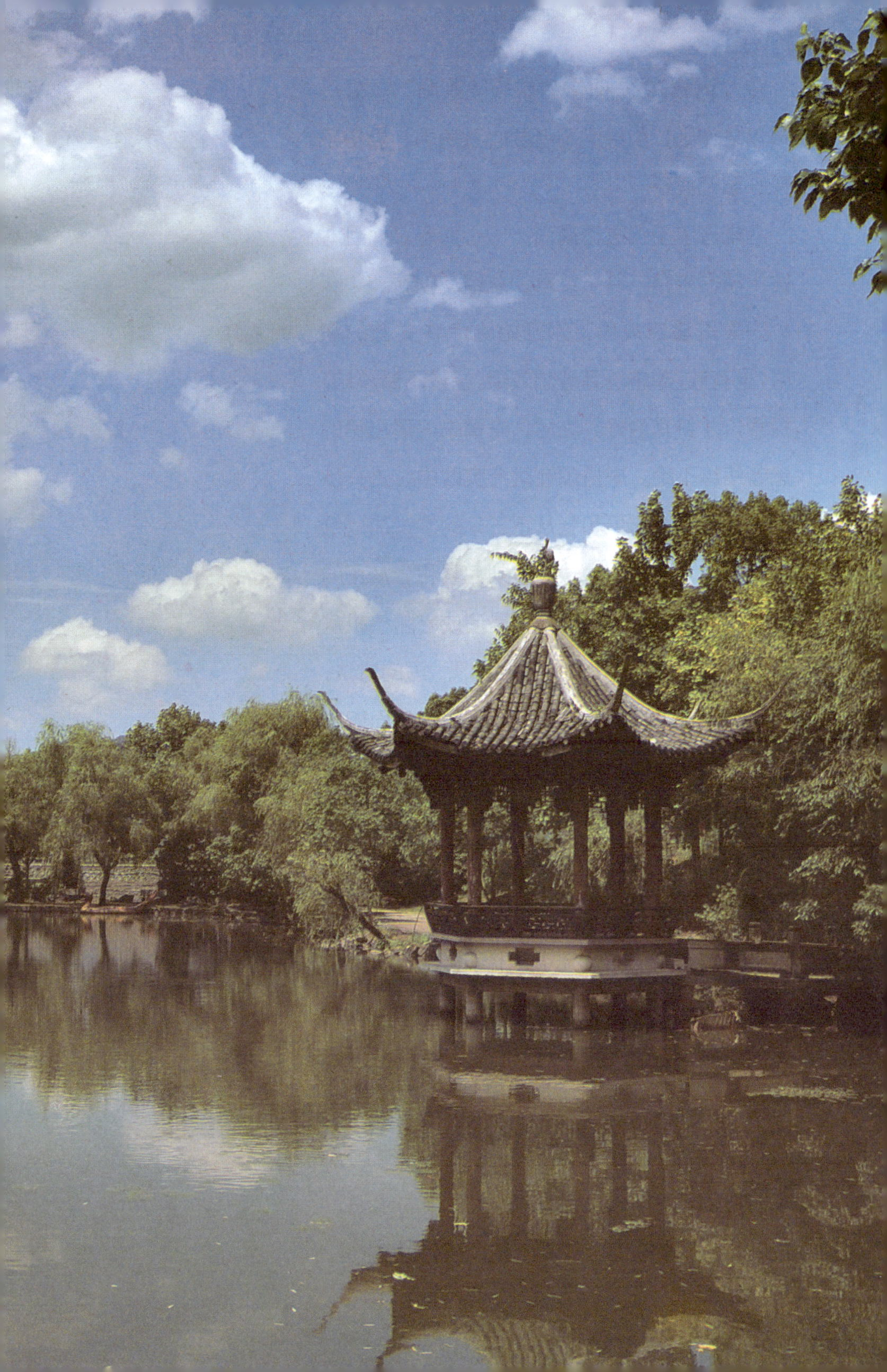

翁传》记载,"一时学者咸声随影附"。朱丹溪以身作则,引导学习者要心系病患,勤奋不息,忘记疲倦。

朱丹溪不但医德高尚、一心为患,而且对医术精益求精,善于继承、总结、创新。

朱丹溪学成后,刚开始治疗许文懿的病时,虽有效,却未达到理想效果。经过不断总结、探索,才将其治好。之后,来请朱丹溪出诊的患者络绎不绝。朱丹溪在医疗实践中,进一步把刘完素、李东垣和张从正三家的学说加以继承、发展、创新。他认为在刘完素和张从正的理论中,湿、热和相火三气是造成脏腑气机病变的主要因素,所以他们擅长用清、泻的方法,以推陈出新,这的确高出前代医生。然而如果遇到阴精不足而不能制约相火,导致相火妄动,或阴阳两虚兼有湿热的情况,朱丹溪认为要慎用清泻,而应注重养阴或兼顾补阳;认为李东垣所论饮食不节、劳倦过度,导致脾胃受损,胃阳不能升举,连及心肺阳气也无力升举,以致陷入中焦的,用补中益气法治疗,这也是创新。然而西北之人阳气容易下陷,东南之人阴火容易上升,如果只守李东垣的方法,阳气下陷的人固然能够痊愈,阴火易升的人可能反而会加重病情。于是对三家的学说,朱丹溪弃其所短而吸取其所长,又用太极之理、

西湖残荷

《易经》《礼记》《通书》《正蒙》等书的相关意义与三家学说互相参验，再用《内经》的理论将其贯穿起来，作为指归。朱丹溪认为《内经》所论的"火"，与太极的"动则生阳"的学说有相合之处；《内经》所论阴精容易不足的道理，又与《礼记》论述的养阴思想相同，于是撰写了《相火论》和《阳有余阴不足论》两篇文章，来阐发他的观点。

朱丹溪的名气越来越大，求医问药者越来越多，朱丹溪全都应请。他治的患者有多少，病情如何，用了什么方而痊愈，疗效好的有哪类人，居哪个县、里，都能从病案中得知。根据朱丹溪及其弟子所著的书整理编辑成的《朱丹溪医案》，共收载医案七百七十三则，其多样的治法、神奇的疗效，反映了朱丹溪高尚的医德、精湛的医术。

天台的周本道进士，三十多岁，得了恶寒病，即使暑天也一定要

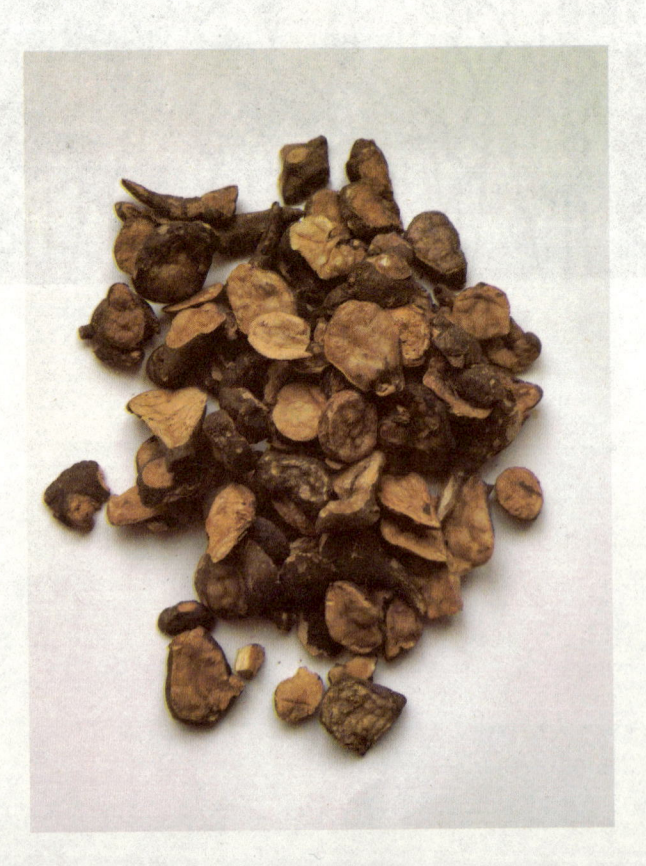

炮附子

用棉被盖头，服附子数百剂，病情更重了。朱丹溪诊其脉，弦而似缓，就告诉他说："这是热极似寒。"处以辛凉之剂。患者服用后，吐了一升左右的痰，盖在头上的棉被即减去了一半。朱丹溪又让他服用防风通圣散，几天后就痊愈了。周进士很高兴，朱丹溪却说："病愈后必须用清淡的饮食来调养脾胃，排除杂念来保养精神，这样肾水才能产生，心火才能下降，否则附子的毒性必然发作，就无法救治了。"然而，患者需要巡夜，经常畏寒，所以总是自作主张煎煮附子服用。半年后，朱丹溪被告知，周进士因背部发了毒疮而死。

一位将军在战场上得了反胃病。南征归来，众医家都认为病情轻浅，能够治疗，结果都没有效果，病势日益危重。朱丹溪诊脉，对将军说："您的病我要仔细思考。"他继而召其家属说："此病是由于大惊、内火劫灼气液所致，现已病久，气衰液亡，肠胃枯损，饮食虽能进入，却不能消化，无法充养五脏，恐怕只能再活十天左右。"后来，果然如朱丹溪所言。

一位老人久病体虚，几近失明。朱丹溪诊其脉，发现其脉非常微弱，就制作了人参膏给老人饮用，老人视物日渐清晰。又过了数日，朱丹溪再次探视，见一医生正给老人服用礞石。朱丹溪愕然，再次诊脉后，对其家属说："此病是由于气血极度虚弱所致，不救其虚，反用礞石，现在正气已极度虚损，必定活不过今夜。"果然，到半夜的时候，老人因气不能接续而死。

一年轻男子发热数月不退，经多位医生治疗，都不见效，求治朱丹溪。朱丹溪诊脉后对病人说："你的病不属伤寒，而是因饮酒过度致酒毒内聚，又加之疲劳过度，阴血亏虚造成的。"病人听罢十分惊奇："先生说的一点儿也不错，我以前每天早晨都要饮酒吃狗肉，这样过了一个多月就得了这种病。"朱丹溪给病人开了补气血、解酒毒的药方，

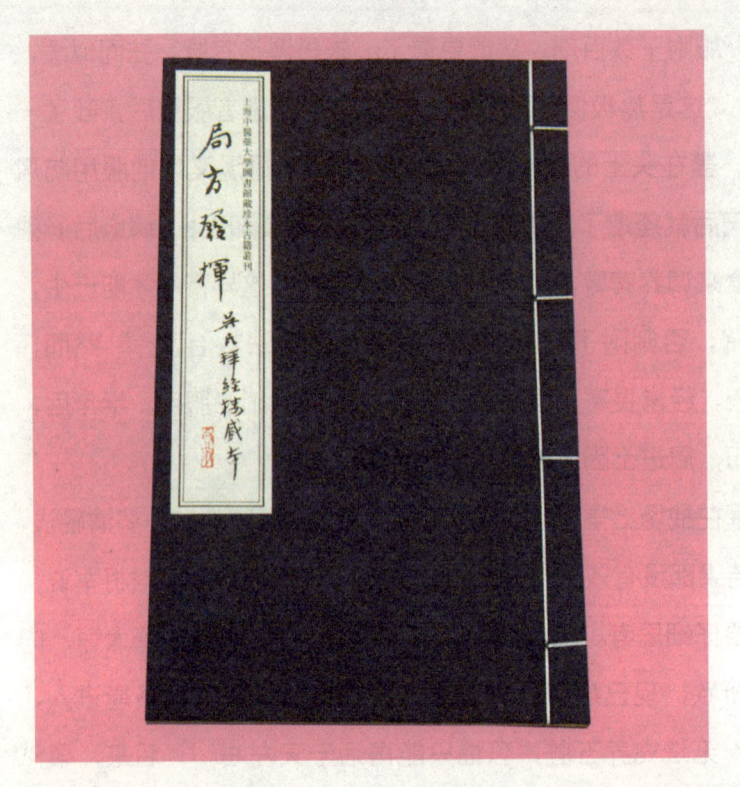

《局方发挥》

几剂药后，病人热势尽退。

朱丹溪行医，都类似这样。他治疗疾病时，胆大心细，对于各家的方论，无所不通，但又不拘泥于古方，善于总结创新，强调辨证，用药灵活。这与当时其他医家的思想僵化和拘执古方形成显著差别。

朱丹溪在著作中也经常反映出这种思想。例如，他在《格致余论·恶寒非寒病恶热非热病论》中讨论真热假寒时说："得了很重的热性病，反而自觉畏寒，这并非真正的寒。曾经有人问我：'有人用热性药治疗这样的病，也有效果，这是为什么呢？'我回答：'热性病的人，热灼津液为痰饮，痰饮抑遏清道，清气不升，所以热势尤甚。热性药，其气炎上，积痰得热就能暂时消散，而症状缓解，但热势助邪，病将越来越深重'。对方又问我：'患者如此的畏寒，《局方》没有用寒药治疗的记载，谁敢以寒凉药治之？'我回答：'古人遇战栗之证，有以大承气汤下燥粪而愈者。对于伤寒的患者，应该参考仲景之法。'同理，对于恶热，也要分清虚实。比如《素问》说：'阴虚则发热'，这不是真正有热，应该按照阴虚治疗，用补养阴血之法，且早断房事，息心静养，否则可能发为痿病而早亡。"

朱丹溪又举过一个真寒假热的案例：有个少年，身体发热，双颊火赤，眼红，脉数，在庭院里焦躁地走动，不能自禁，自言想跳河。患者家属认为是热证，正在给患者煎煮苦寒之药。朱丹溪看到后，说："这是阳气虚弱，不能内守，浮于体表，表现出热证，是真寒假热。"他让其家人停止煎煮之前的药，赶快煎煮制附子汤。患者服用之后，过了一会儿，就出现了明显的畏寒表现。

知识加油站

"朱一贴""朱半仙"的称号来历

很多病人经朱丹溪治疗一次就痊愈了，无须再次诊治，朱丹溪就有了这两个称号。

西湖

第四章

融古通今 善用意疗

"一有怫郁,诸病生焉。"朱丹溪重视情志怫郁致病,对中医的意疗(情志疗法)贡献很大。

《儒林外史》中范进中举的故事大家耳熟能详:范进考了半辈子试,终于中举,听到喜讯时,拍手狂笑:"噫!好了!我中了!"接着,他倒地不省人事。灌几口水醒来后,范进又发疯地往门外跑。报录的人出主意:"范老爷只因欢喜狠了,痰涌上来,迷了心窍。只要他平时最害怕的人吓他一下,就好了。"于是,范进的岳父照着范进嘴巴扇过去,骂:"该死的畜生!你中了什么?"范进就苏醒过来,恢复正常了。

从中医学角度看,这个故事反映两个方面:一个是痰迷心(神)窍,另一个是"恐胜喜"的情志疗法。朱丹溪对这两方

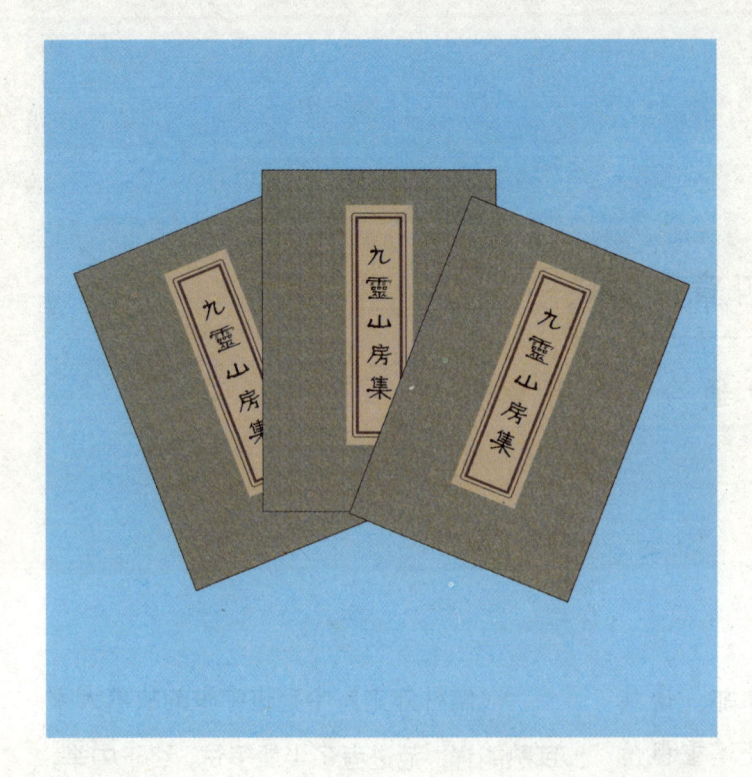

《九灵山房集》

面都很擅长。

戴良的《丹溪翁传》和《九灵山房集》记载了朱丹溪用"以情胜情"法巧治女子相思病的医案：一个年轻女子患了怪病，每天只吃很少的食物，寡言少语，神志恍惚，有大半年时间了。父母心急如焚，请了许多医生，都未见好转。

朱丹溪被请到患者家后，问患者话。患者面壁而卧，不回答。朱丹溪诊完脉，将其父母叫到僻静处，问他们："此女是否已定亲但尚未出嫁？她得的是相思病。"其父母答："先生真是神医。我们也知道小女的病源于相思。她已经订婚了，但是之后不久，未婚夫就去两广做生意了，至今五年未归，音信全无。小女经常喃喃自语，昼思夜想，身体渐渐衰弱。看过的郎中都束手无策，病情久不好转。"朱丹溪对患者父母说："此女相思成疾，气机郁结于脾肝，导致脾不能运化水谷，肝失于调达气机，自然没有食欲；神无血养，故而恍惚。长期如此，以致病情加重。"接着，他对其父说："这个病是精神因素导致的，不能单独用药物治疗。需要先让其生气，疗效才好。"但是，"父以为不然"，认为得病了还生气，不是加重病情嘛！朱丹溪见他们不理解，说："此女之病需用五行相克的方法治疗。五行中肝属木，在志为怒；脾属土，在志为思。先要激其大怒，使肝木畅旺，以疏通壅滞之土，才能消除思虑郁结之气，解脾之结。"其父觉得有道理。朱丹溪又说："我去气她，你们要知道我是在治病，不要之后因此而责备我。"其家人同意后，朱丹溪入病室，面带怒色，责其不守妇道，已经定亲了，不应该又朝三暮四，思恋别人，然后打了她三巴掌。这女子遭受如此不白之冤，气得全身颤抖，哭着骂朱丹溪："你是畜生，快离开我家。"这时，朱丹溪叫其父母来劝阻，自己则先行告退。姑娘怒气渐消，同时忧思之情有所缓解，对父母说："我饿了。"吃过饭后，姑娘病情大减，面露笑容。

由于治疗大见效验，该女子的父亲赴朱丹溪家中拜谢。朱丹溪说："病还没治完，她有两种情绪：忧和思。未婚夫出门多年，她一定会担忧其安全，还担忧会不会抛弃自己。这个忧的情绪同样需要治疗，喜胜忧，需要听高兴的事，才能使疾病痊愈。"于是，朱丹溪授意其父："自制假喜信一封，谎告女儿，是其未婚夫捎回。"于是，"其父伪作其夫有书信来，择日成婚"。女子看到所谓的"丈夫来信"，果真欣喜若狂，精神振奋。事有凑巧，没多久，她的未婚夫果真回来了，她的病也得以彻底康复。

朱丹溪治疗该女子，采用先激怒她，以破气结，之后伪造书信，以喜制忧，而治愈疾病。这是融汇《素问·阴阳应象大论》"怒胜思""喜胜忧"的原则，采用情志相克、以情胜情疗法，是"意疗"方法之一。

中医认为人有七种情绪，如果其中任何一种过度，都会影响脏腑阴阳的平衡而致病。朱丹溪经常采用移情易性、以情胜情的方法，以期调整极端的心态、重建气血阴阳的平衡、恢复脏腑经络的功能。

从现代医学的角度说，中医的这种疗法就是通过精神刺激，在大脑皮层中产生一个新的兴奋灶去抵消或冲淡大脑皮层中原有的优势中心，使人的极端情绪趋于稳定，实现情绪的平衡。

朱丹溪还很擅长运用暗示疗法。浙江有一个叫宋恒的人，在收拾碗橱时，发现橱里有一条蛇。他吓了一跳，将蛇赶走。之后，宋恒总是怀疑那蛇在菜里产下了蛇卵，被自己吃掉，已在体内孕育出小蛇了。从此，他总是觉得喉咙里有东西在爬，吃不下饭，睡不好觉，身体日渐消瘦，最后卧病在床。他看了许多医生，都没有治好。有一天，朱丹溪路过此地，给宋恒诊断后说："你吃了毒蛇产下的蛇卵，现在肚子里

蛇

有小蛇，我给你服一剂驱虫药催吐吧！"于是，宋恒将朱丹溪的药服下。接着，朱丹溪避开宋恒，让其家人准备一个盆，又与其家人耳语了一番。过了一会儿，宋恒觉得恶心，很快就吐到了盆里。朱丹溪将盆捧给宋恒，让他看见里边正在蠕动的几条小虫。然后他说："小蛇和蛇卵都吐出来了，你的病好了。"从此，宋恒脸上的愁云消散了，身体很快就恢复了。

其实，宋恒肚子里并没有小蛇和蛇卵，盆里的小虫是朱丹溪对宋恒的家人耳语时嘱咐他们放进去的。朱丹溪说："宋恒犯的是心病，解除他的心理负担，让他以为蛇吐出来了，病就好了。"

在这个医案中，朱丹溪认为"心病还要心药医"，必须解开心结，如果单纯用针药治疗，难以见效。

朱丹溪治疗情志因素导致的疾病，不一定都只用情志疗法，总是根据实际情况来选择合适的方法。有一位叫赵立道的患者，五十岁左

元青瓷高足碗

右，自从精神受刺激后，就身体虚弱，还易发怒。有一天，他突然感觉很饿，向家人要饭。家人一听很着急，因为没到吃饭时间，还没有准备饭，赵立道雷霆大怒。两日后，他患了腹泻病，自己用凉水兑蜂蜜治疗，没有效果。家人无奈请来朱丹溪。朱丹溪诊断，此病是缘于精神创伤后，身心严重受损，加之此次暴怒，肝气乘脾而得。于是，他开了补脾祛湿的处方，辅以心理疏导。几天后，赵立道病情减轻了，但是不断呃逆。跟随朱丹溪学习的医生觉得患者非常虚弱，应该开大补的药。朱丹溪说："不要急，药的力道没到，到了呃逆就自己停止。"果然，四天后，呃逆止住了，而且泻下也好了。

这个案例，虽然患者腹泻是源于情志，但是因为其脾气亏虚得很严重，所以朱丹溪通过用药与心理治疗结合而显效。

现代医学研究发现，许多存在于胃肠道内的肽激素也同样存在于脑内，作为神经信息传递物质，故被命名为"脑肠肽"。由此可见，神经系统（情志）与胃肠消化系统有密切关联。

现在中医临床上遇到这种肝气乘脾而致泄泻时，以疏肝理气、健脾止泄法治疗。其中最常用的方药是明代《医方考》中的"痛泻要方"，能培脾土而泻肝木，调气机而治痛泻。

蜜蜂

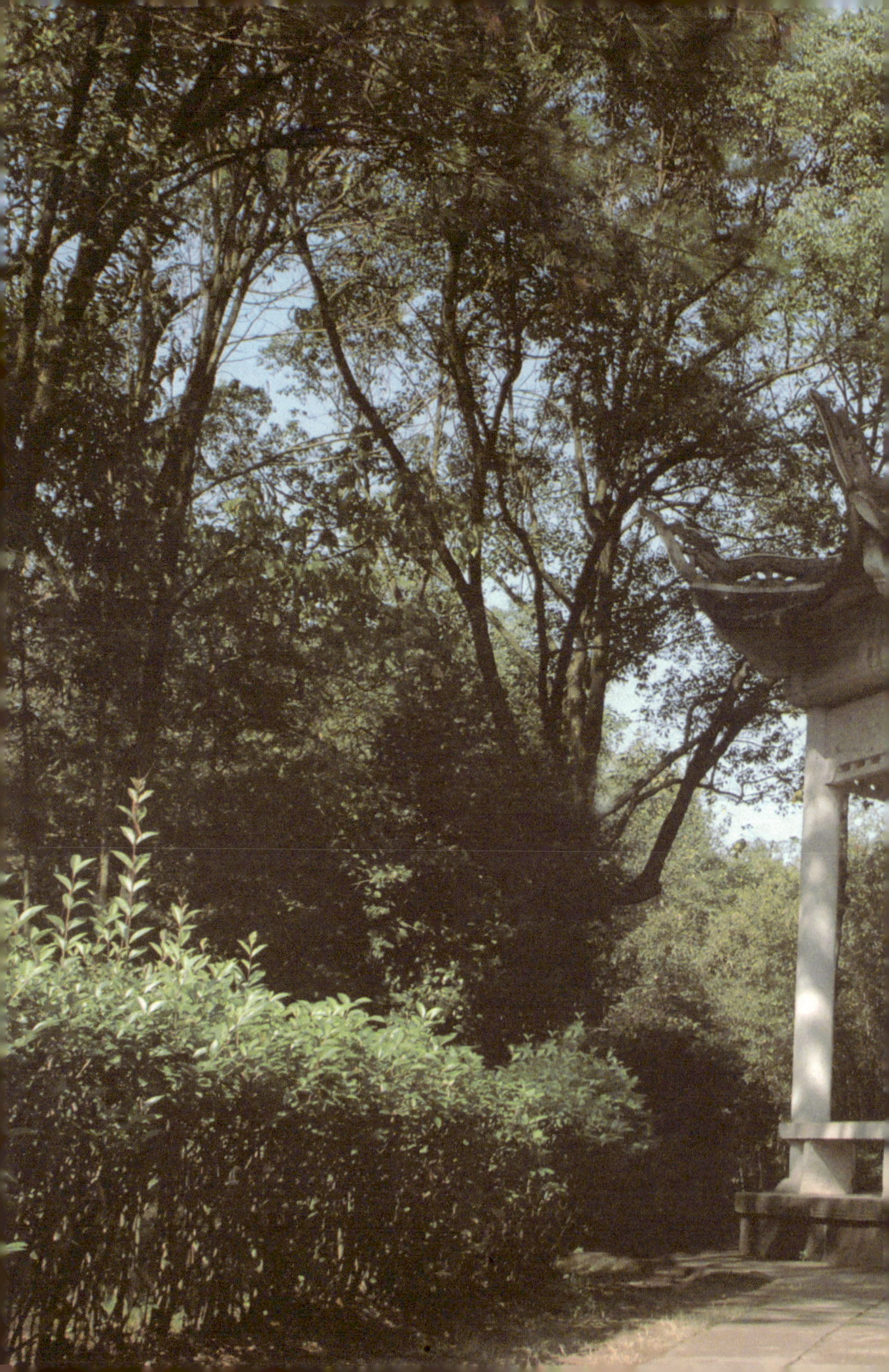

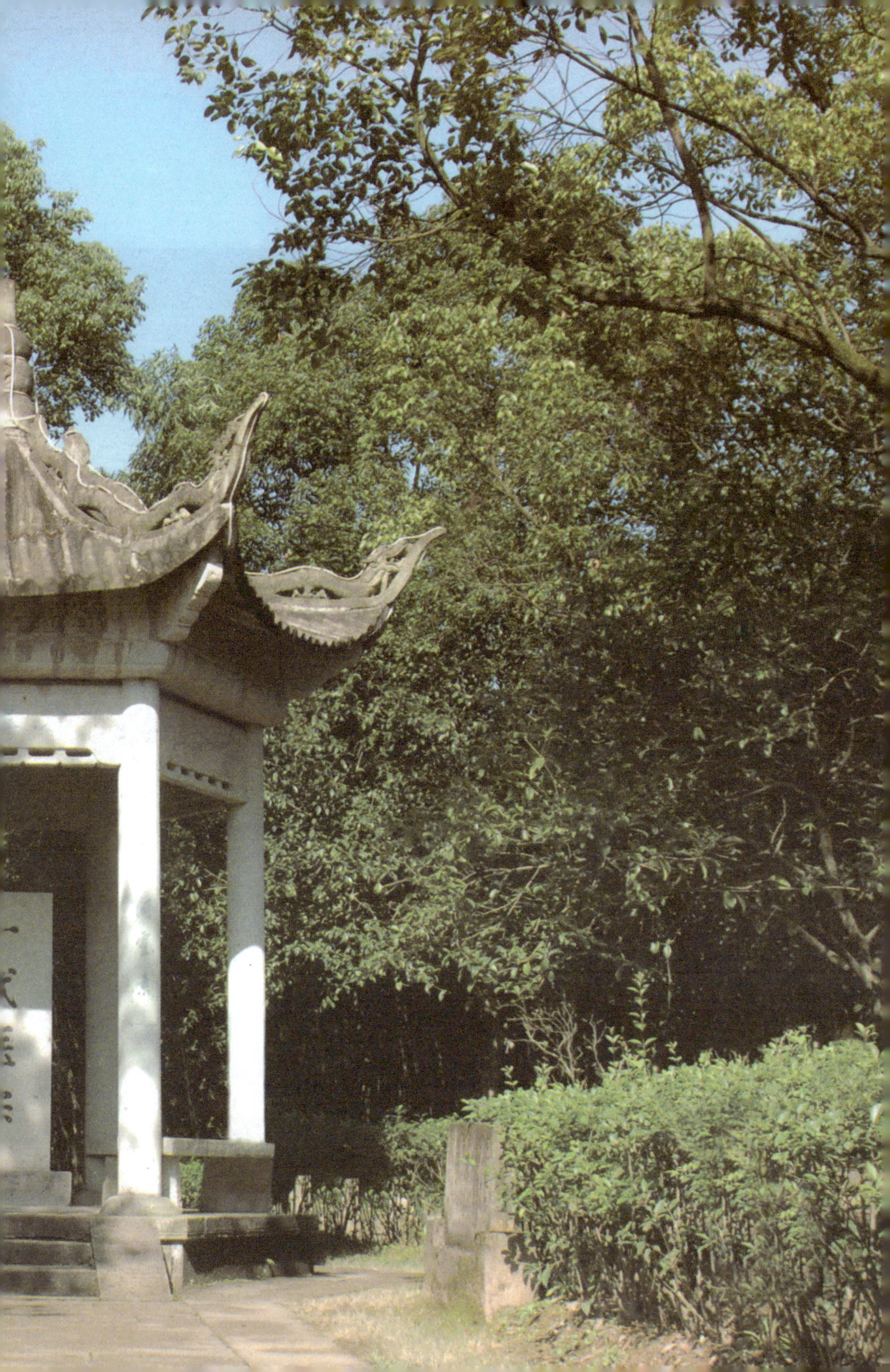

黑地彩绘棺

综上所述，朱丹溪认为情志对人的身心影响非常大。他的医案里还记载了多个案例："一女子，年渝及笄，性躁味厚，暑月因大怒而气作……使其悲而病愈""治一妇人，病不知人，稍苏即叫数声而复昏……加香附以散肝分之郁。并使其亲人抚慰再三而愈""治陈状元弟，因忧病和咳唾血，逢喜而瘥"……

朱丹溪还认为，情志病不能只靠医生治疗，病人也要控制自己的欲望，要"正心、收心、养心"（《丹溪手镜》）。正心要用伦理道德来端正自己的心念，不要让欲望从心里升起；收心是要保持心平气和，发现自己有欲望时及时断除；养心是要通过看好书、做善事等方式来长养心智。要身心双调，身体才更容易康复。朱丹溪经常告诉病人这些道理，所以治疗过的不少病人身体恢复快，疾病也很少复发。

朱丹溪有时为了达到改变患者心性的目的，甚至用一些看似古怪、荒诞的办法治病。

据说，当时的义乌城有个大户人家的儿子，喜好酒色，脾气暴烈，平素时有皮肤瘙痒。一天晚上，他在刚装修完的房子里睡觉，第二天早上，发现全身布满红疹，瘙痒难耐。他找了几位医生，都没治好。后来，他把朱丹溪请来。朱丹溪了解病情后，到新房察看了一番，对患者说："你的欲望和脾气惊动了老天，老天要惩罚你。要想治疗，唯一的办法就是改过自新，控制自己的欲望，正心、收心、养心，心寂则痒微，心躁则痒甚，并在我给你指定的棺材中躺三天。"患者为了治病，只好按朱丹溪说的去做。几天后，病果然好了。

原来，患者的病因有二，平素经常瘙痒，是因其生活因素，导致阴虚于下，火亢于上，心火亢盛则易发"诸痛痒疮"。此次瘙痒是因为装修材料导致过敏，只需用杉木煮的水擦拭皮肤，或者经常接触杉木，几天就会好。朱丹溪这样做是给他一个教训，既治了病，又纠正了其心性和行为。

情志疾病及疗法在《内经》中就有比较详细的论述，但后世擅长运用的医家不多。张从正擅长情志疗法，朱丹溪在继承《内经》和张

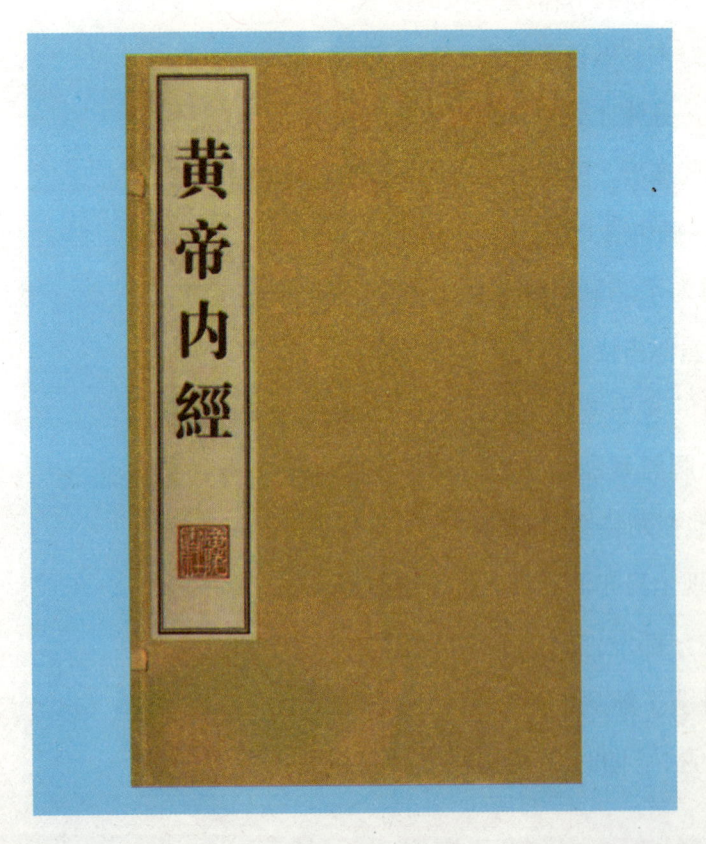

《黄帝内经》

从正学术的基础上,又有很大创新。后世讲"杂病用丹溪",就包括治疗情志方面的病。

现代有学者提出:"在对人的一切不利影响中,最能使人短命夭亡的莫过于不好的情绪和恶劣的心境",认为有60%～80%的病与精神因素有关,特别是强迫症、自闭症、焦虑症、恐惧症等心理疾病,会导致多种身体疾病。

随着生活节奏的日益加快,情志致病越来越多,继承、研究、推广情志疗法,意义重大。

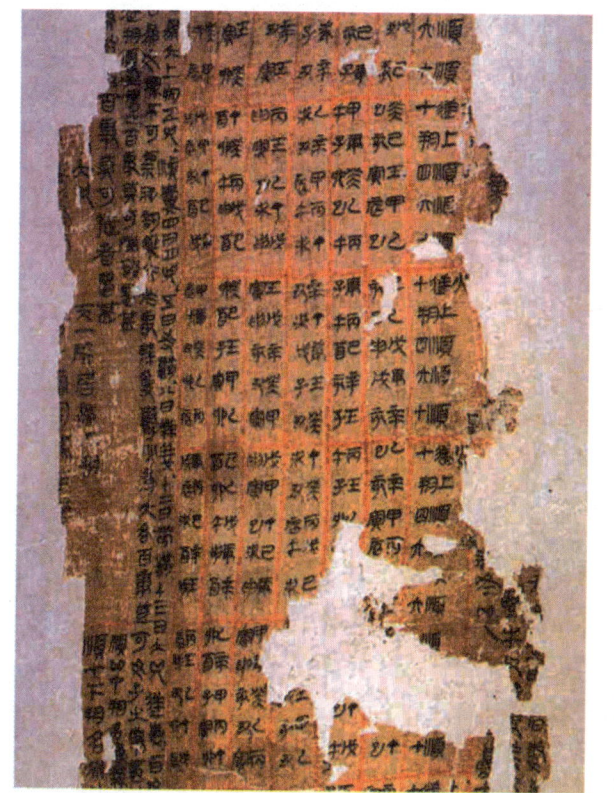

知识加油站

五行相克

相克指木火土金水之间存在着有序的正常的制约关系。如果相克太过就成为相乘,会引起疾病。

《阴阳五行》甲本

《丹溪心法附余》

第五章

注重正气　倡导养生

"根本壮实,气不轻浮,尚何病之可言哉!"《丹溪翁传》这句话,反映了朱丹溪注重正气、提倡养生的理念。

"淡食以养胃,内观以养神。"

朱丹溪从离开罗知悌回到家乡起,悬壶济世,不辞劳苦,晚年时精神矍铄,即使临终前几天,仍然远行出诊。他之所以身体如此健康,与他注重养生和治未病的观念有关。朱丹溪及其弟子的著作记载了他养生、治未病的方法。

朱丹溪的养生、治未病思想源于《素问》,他说,"黄帝与岐伯之间问答的内容,是以摄养为始",强调遵守"法于阴阳""调于四气""食饮有节""起居有常"等思想。《丹溪心法》还提出:"善于养生,保持身体健康、长寿,是圣人之道。未病先防,也是养生之理,刚有疾病预兆就立刻治疗，还会有什么疾病会得呢！""在患病之后才治疗，不如在健康的时候先保养。等到得了病之后再用药，是徒劳无功的。这就是圣人不治已病治未病之意。"他还用取类比象的方法提出预防为主的观点："例如备土以防水，若不在涓涓细流时用土闭塞住，则以后必成滔天之势，不能遏制；备水以防火，若不在荧荧之火时用水将其扑灭，则燎原之焰不能制止。水火到了猛烈的时候尚不能止遏，何况疾病已成，岂能治好！"

朱丹溪的这种养生、治未病思想在医疗实践中有充分发挥。他的众多养生思想中，以"淡食养胃、内观养神"思想尤为突出。

有一位叫胡君锡的患者，家里很富有，花钱如流水，无聊之余还买了一个官位。年轻时，他就体型肥胖，可是仍然酒食无度。患了消渴病（今之糖尿病）后，胡君锡经常感觉口中甜腻，而且多饮、多食、多尿、消瘦、乏力。他曾经请过一位医生，那位医生处以滋阴泻火之剂。他服后症状明显减轻。但这时有人说："消渴病可不是小病，应该滋补身体，建议你多吃黄色公鸡。"胡君锡听从了朋友的建议，几年里吃了一千多只鸡，又常喝药酒。逐渐地，他出现呕吐、厌食、胸闷等症状。他认为是身体虚弱所致，仍然坚持多吃鸡。后来，胡君锡又请

黄芪

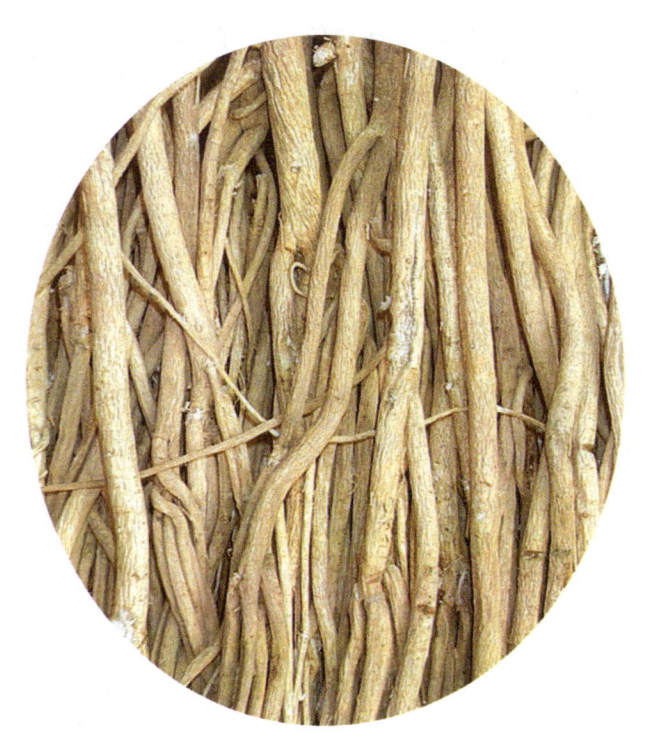

了一位医生。这位医生认为他是胃里有寒，用了温补药，结果不但症状没减轻，病人还添了极度怕风的新症状，无法出门，只要出门就感到风吹入筋骨，遍身疼痛，在家里把所有的窗户都加上双层纸，还在地上垫了一尺厚的糠。即使这样，他仍然感觉有风吹身体，乏力到提笔、走路就不断喘促的程度。

鉴于这种情况，胡君锡的家人请来朱丹溪。朱丹溪认为胡君锡是旧病未愈，又大量吃鸡、饮酒而导致病情迅速恶化，就对他说："口中甜腻、消谷善饥、多饮、多尿这些症状，是过食甘美多肥之物和暴饮暴食而引发的。肥甘之物会产生内热和中满，使气血津液停留，上溢于口，就会导致口中甜腻，日久发为消渴。所以，你一定要忌食鸡肉和一切肥甘厚味。"然后，他开了方子，人参、黄芪、白术、五味子，用大量竹沥来调服，以补气、化痰、清热。

患者服用一段时间后，病情缓解了，但又忍不住用鸡汤调饭，病情再次复发。朱丹溪斥责他，要求他不吃所有的肉，连肉味都不要闻到，代之以清淡饮食，以谷、菜为主。朱丹溪知道胡君锡年轻时曾经熟读儒家经典，引导他说："《论语》讲：尽管各种美味的肉很多，也不能超过主食的摄入量；《左传》和《礼记》也说：宴会时，宾主之间只敬很少的酒，而且敬酒期间要行很多礼节，这是圣人施教之意，意在少饮酒。另外，如果谷类与过量的肥甘厚味同食，肥甘厚味得谷气相助，在胃肠内积聚日久，还能不助阴火而成毒吗？如果你能遵守禁忌，身体就会痊愈，否则，旧病会逐日加重，伤败的胃气也没有恢复的希望，恐怕会成为不治之症。"胡君锡听了朱丹溪的教诲，对以前的行为感到后悔和自责，发誓决不犯禁。果然，病情逐渐减轻。

在治病过程中，朱丹溪发现胡君锡有深厚的儒学修养，只是后来陷入了迷途，就想助他在心性方面再次提升。有一天，他从胡君锡患病的角度对他说："胃气是清纯冲和之气，是人所赖以为生的；不仅饮

酒

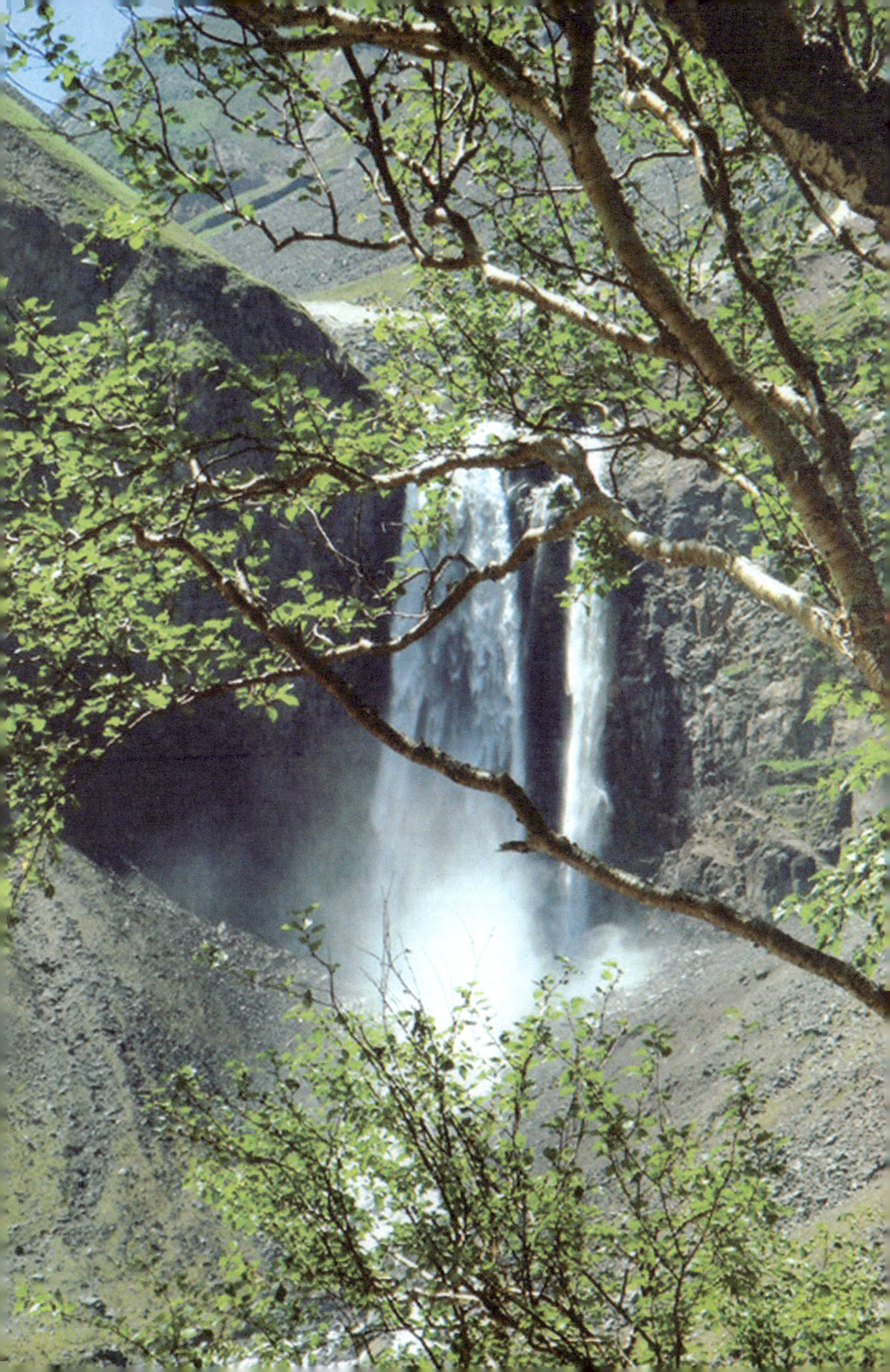

食失宜、用药错误、劳累过度会伤胃,若谋虑过多、嗜欲无节、思想不遂也能伤害胃。"胡君锡说:"我知道情志过度会致病,但不知如何调控情志。"

朱丹溪就用自身举例给胡君锡讲解:"三十六岁时,我开始跟随许文懿学习理学,当时每天都要内省、内视、内观以明理。在行医之后,我越来越感受到,人之所以生病,除了饮食、劳逸、禀赋、外感等因素,还有很大程度是因为起心动念。如果欲望、情志过度,就会得病,甚至死亡。你以后应该清淡饮食以养脾胃,内观以养精神,则水可生而火可降。"

接着,朱丹溪就教给了胡君锡内观的方法。胡君锡常常习练。有一天,胡君锡拜访朱丹溪,说:"先生对我的心念影响很大。现在我懂得了,眼耳鼻舌身对外界产生感受后,会引起心动,而生怒喜思忧

恐五火，五火相扇，则肝肾相火妄动，煎熬真阴，就会生病。所以要通过内观，使心安宁，则相火不妄动，才不至于伤阴。"朱丹溪听了，表示赞赏。

在治愈胡君锡疾病之后不长时间，朱丹溪的一位族叔去朱丹溪家里做客。他的族叔素来身体强健，之前曾经得了疟疾，之后又持续腹泻，自认为患了泄痢，自恃强健能食，不遵从任何医嘱。在闲谈中，他对朱丹溪说："我虽然得了病，但身体强健、胃口很好，只是苦于出汗过多。你能止住汗吗？"朱丹溪答："您得了疟疾，不能止汗，疟疾如果不用药发汗是不能治愈的。您的可虑之处并不在于患疟疾，而在于胃口太好，以致食积太过。而且您患的不是泄痢，而是胃热善消，脾虚不化。如果能节饮食以养胃气，尽量少出门以避风寒，再用药发汗，疟疾就会好。"族叔说："我没听说过有饱死疟，我现在很能吃，有什么可忧

青山绿水

虑的！"朱丹溪说："能吃饭是胃气还没受损的缘故，所以您现在身体还比较壮实，但是不能因此而不节饮食，随意吃喝。"族叔不以为然。朱丹溪又以病例相劝："我曾经治疗过两位患者，都身体强健，多食易饥。在治疗好转后，我告知他们饮食宜忌。其中一位不守禁忌，饮食无度，尤其过食肥甘，一个多月就死去了；另一位遵医嘱，只用熟萝卜、米粥为食，半个月左右身体就明显恢复。如果您不注意节制饮食，我担心后果不堪设想啊！"族叔不在意朱丹溪的话，仍过度饮食，又不喜欢喝水，以多吃水果代水解渴。

一个多月后，族叔的身体明显恶化，来找朱丹溪治疗。朱丹溪诊查后，叹息着说："我已经无能为力了。"又过了一个多月，族叔去世。这让朱丹溪感悟到，《素问》说"骄恣不伦于理，为不治之病"这话确实有道理。

在医疗实践过程中，朱丹溪发现这样的例子比比皆是。一位官员曾经问朱丹溪："我发现富贵之人往往疾病缠身，很多穷苦之人却身体健壮，这是什么原因？"朱丹溪回答："富贵之人凭着身体强壮，放纵于口感，常常过食肥甘厚味，致使疾病蜂起。刚生病的时候，因为禀赋充足，并没有什么不适；日久，就会有瘫痪、痨瘵、鼓胀、癫疾等很多奇怪的疾病。他们还喜欢醉酒，因为醇酒的清香美味，既适于口感，又能行气活血，使身体舒适，所以不知不觉就喝多了，而不顾虑其是大热、大毒之品。等到病成之后，饮食俱废，家人也跟着担忧，医生也无能为力。相反，山野贫贱之人甘于淡薄之味，经常劳动，身体也就安好。"官员说："我观察，这些富贵之人多在四五十岁的时候就已经怪病缠身。"朱丹溪说："人到五十岁左右，正气已经虚弱。富贵之人沉迷于酒食，不注意养生，四五十岁时就气血耗竭，病症日益显露，表现出筋骨痿软，肠胃壅滞。"官员叹道："放纵口感固然痛快一时，日久必然导致身体受损。我也期盼这些人能够醒悟。"

萝卜

　　朱丹溪还指出不同年龄、不同人群的饮食注意事项。他指出妊娠期的妇女要特别注意饮食起居，因为胎儿在母体中，与母亲同为一体，如果受热就都受热，遭受寒冷就都会寒冷，得病就都得病，安康就都安康，所以，"母之饮食起居，尤当慎密"。他还指出十六岁以前的年轻人，胃肠还比较娇嫩，稠黏干硬、烧炙煨炒等难以消化之物皆不宜吃，只吃干柿、熟菜、白粥等，这样饮食，日后不易生病。他又指出六七十岁以后，正气逐渐衰弱，胃热则易饥而思食，脾弱则不易消化，气郁而成痰，所以不要吃辛辣、肥甘厚味之品，应当淡食节养。

　　"攻击宜详审，正气须保护"。朱丹溪认为，根据病情及病人体

炎帝──神農氏

神農氏，姜姓也。母曰任姒，有嬌氏女，名女登，為少典妃，遊於華陽，有神龍首，感女登於常羊，生神農。人身牛首，長於姜水，因以姓焉。有聖德，以火德王，故號炎帝。以火名官，斲木為耜，揉木為耒，耒耨之用，以教萬民，始教耕，故號神農氏。於是作蜡祭，以赭鞭鞭草木，嘗百草，始有醫藥。又作五弦之瑟，教人日中為市，交易而退，各得其所。遂重八卦為六十四爻。初都陳，後居曲阜。立一百二十年崩，葬長沙。神農本起烈山，故左氏稱烈山氏之子曰柱，亦曰厲山氏，禮曰厲山氏之有天下是也。

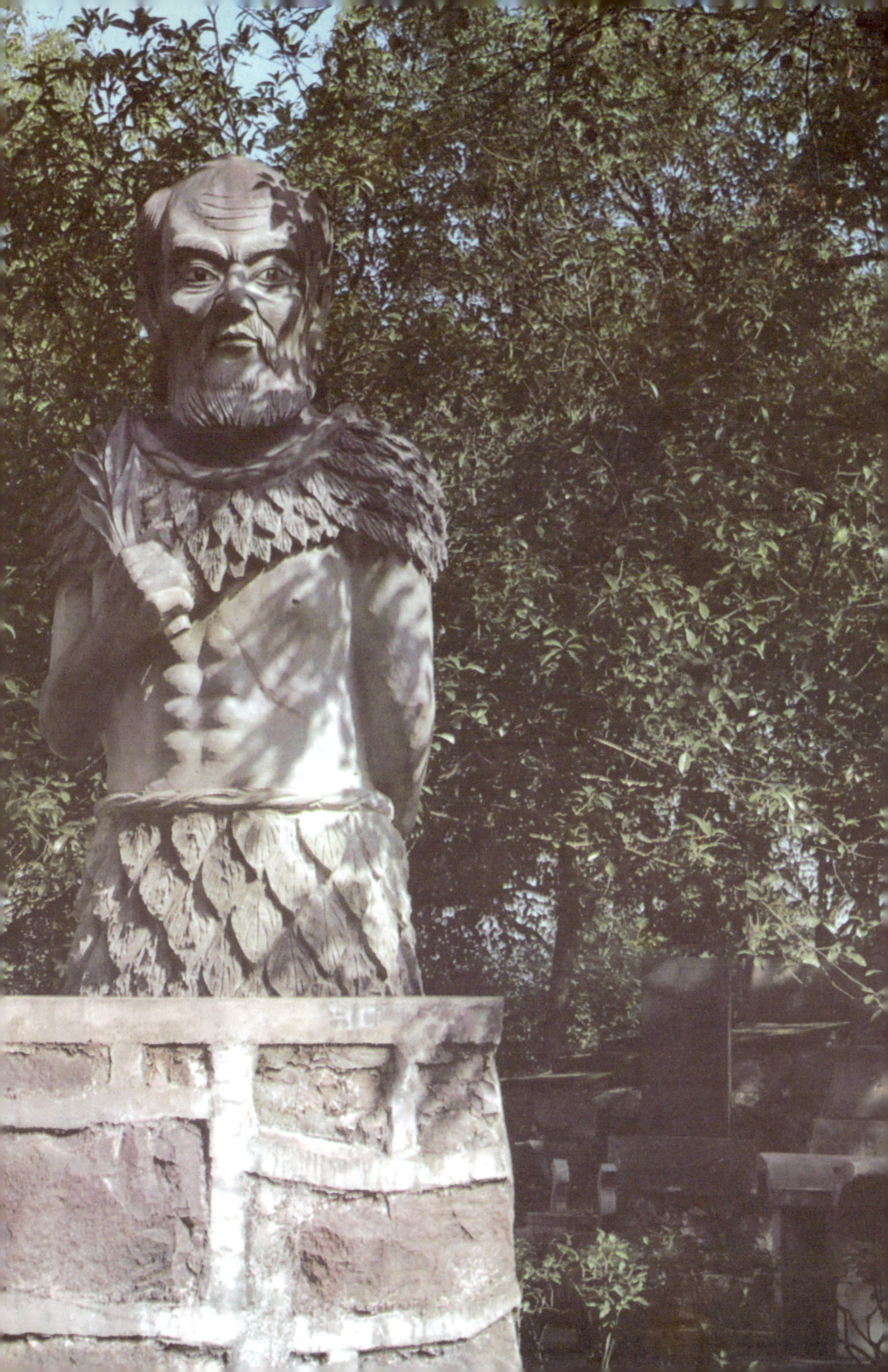

人参

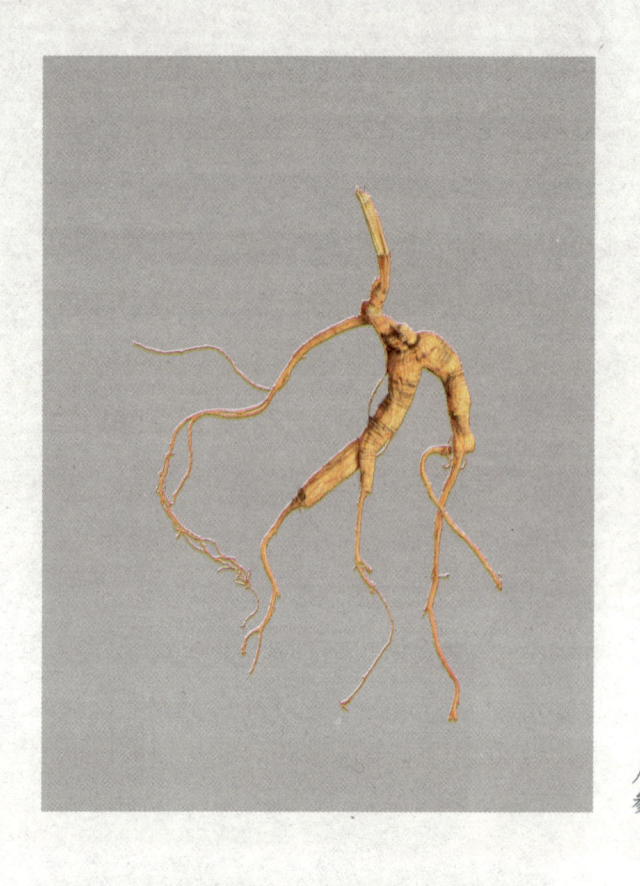

质的不同，有的适合攻补兼施，有的适合先攻后补，有的适合先补后攻。对于身体虚弱的，如果单纯用攻法，不去补益正气，那么邪气虽去，而正气必伤，从而加重病情。

朱丹溪对攻和补的火候拿捏得非常到位，这得益于他善于思考以及跟随罗知悌时的经验积累和之后的临床经验总结。他在《格致余论》里记载过一个病例。

朱丹溪师从许文懿时的同窗好友叶先生，患了严重的滞下病，腹中疼痛，想解大便又解不出来，没有食欲，身体越来越虚弱，到后来已经无法起床，大小便都只能躺在床上解决，以至于其妻子和儿子必须不停地给他清理排泄物。叶家遍请名医，都没有疗效。叶先生无奈，只能让家人远赴义乌请朱丹溪前来诊治。

叶家人看到朱丹溪到来，非常激动，把他当作救星。可是朱丹溪诊叶先生的脉，发现其脉象非常虚弱，又看了叶先生的面色，面黄稍白，又较晦暗，叹了口气。叶家人看了朱丹溪的神色，都很紧张。接着，朱丹溪开了一个方子，有人参、白术、陈皮、芍药等，都是调补药。叶先生的儿子也粗通医学，觉得无法理解，滞下如此严重，怎么能用补药呢？但是之前的医生用行气通便的方法治疗，都无效果，只能试试朱丹溪的方子了。

叶先生服用朱丹溪的方子后，第二天发现自己滞下不但没有好转，腹痛还加重了。叶家人都很担心他的病情。但出于对朱丹溪的信任，叶先生又继续服用。到了下午，朱丹溪来探望叶先生，嘱其按原方再服一天。第三天，叶先生的症状更严重了。到了下午，他痛苦难耐，觉得自己将要不久于人世了，就把自己的妻子和儿子叫到床前，说："朱丹溪都治不好我的病，估计我命不久矣，与你们诀别。"家人听了，放声痛哭。街坊四邻听到叶家人哭得那么厉害，都认为叶先生可能去世了。

过了一会儿，朱丹溪又来探望叶先生，听到街坊四邻的传言，觉得叶先生的身体状况不至于死，但心里也有些忐忑。到了叶先生家里，朱丹溪给他诊脉,发现脉象较之前有力,症状也显出一派实象。朱丹溪说:"我现在可以治你的滞下病了。"于是,他开了小承气汤,嘱其服用两天。叶先生服用第一天时,感觉症状明显减轻,到第二天时,已基本痊愈。叶先生的儿子百思不得其解,请教朱丹溪:"家父患滞下,为何您之前给服用补药?而且,此前的众多医生也是用攻下通便药,却没有效果,为何您两剂药就有如此神奇的疗效?"朱丹溪解释:"你父亲的滞下是因为有邪气在腹中,排不出去,所以,确实应该用泻下的方法。但是,你是否观察了他的面色和脉象,他面色晦暗、黄中带白,说明他脾胃之气和肺气都不足,精血也亏虚,脉和身体也是一派虚象,所以只能先调补几天。等到正气有一定程度的恢复,能耐受攻邪的时候,才能用泻下药,否则正气越来越虚,无力抗邪,只靠药物是无法彻底祛

大黄

除邪气的。"叶先生的儿子对朱丹溪心悦诚服，叶家人也都感激涕零。

到晚年时，朱丹溪把"攻击宜详审、正气须保护"这种思想记录到了《格致余论·病邪虽实胃气伤者勿使攻击论》篇里。在篇首，他将治国与治病相类比，说："大凡谈论治国的人，多借医疗来比喻，这很有道理。真气（胃气）就像百姓，病邪就像盗贼。如果有盗贼，势必剪除掉才行。作为优秀的领导，必须要知晓我方的情况，还要审时度势，方可动手抓捕。若轻举妄动，会导致民先困于盗，后困于抓捕盗贼的兵卒，终将因民困而国弱。治病、用药，理同于此。所以，良医救人，要注意真气虚弱与否。"

知识加油站

《内经》养生专篇

《内经》的养生理论散见于多个篇章，相对集中的是《上古天真论》《四气调神大论》《天年》。

厚朴

过江龙

第六章

革故鼎新　精于杂病

王纶说："丹溪先生治病不出乎气血痰郁。"朱丹溪在继承《内经》等的基础上，创造性、批判性地提出痰证、阳气有余阴血不足等理论。

"百病中多有兼痰者。"

朱丹溪对"痰"的论述和以前的医家相比有很大进展。在中医史上，《内经》提到水液代谢的过程，为痰饮的病因、病机奠定了雏形。《金匮要略》首次提出痰饮的病名，所述内容较为狭隘。朱丹溪以前的医家论述痰者屈指可数，内容也时有怪诞离奇者，与朱丹溪以后直到现在所讲的痰饮相比，范围也小得多。从朱丹溪起，才对"痰"有了现代意义上的论述。后世医家对痰证的辨治基本是继承于朱丹溪。

在朱丹溪的著作中，全面地论述了痰证，其中多是开创性的见解，比如"百病兼痰""怪病多痰"，"治痰法：实脾土，燥脾湿，是治其本也"，"痰之为物，随气升降，无处不到"……极大地丰富了中医学对于痰证的诊疗理论。

朱丹溪对痰的治疗，为后世疑难杂病的治疗开辟了新的途径。后世医家"杂病用丹溪"的说法，也有很大一部分源于其痰证理论。

朱丹溪对痰的论述多数集中在他的弟子所著的《丹溪心法》《金匮钩玄》中，少数散见于他自己的著作中。

朱丹溪家族中有一位 70 岁的"族叔祖"。朱丹溪数年前拜访他时，身体还比较壮实，现在却很瘦弱，从夏末到深秋一直都被泄痢所苦，之前请了许多医生，都束手无策，无奈去义乌请朱丹溪来诊病。朱丹溪观察到，老人"患病虽久但是神志清晰，小便短少但是不黄"，诊脉"两手脉俱涩而颇弦"，认定老人一定是多年沉积的东西没有排出，滞留在胃肠，于是问老人还有什么其他症状。老人说："胸膈微闷，食量也少。"朱丹溪又问

三叉苦

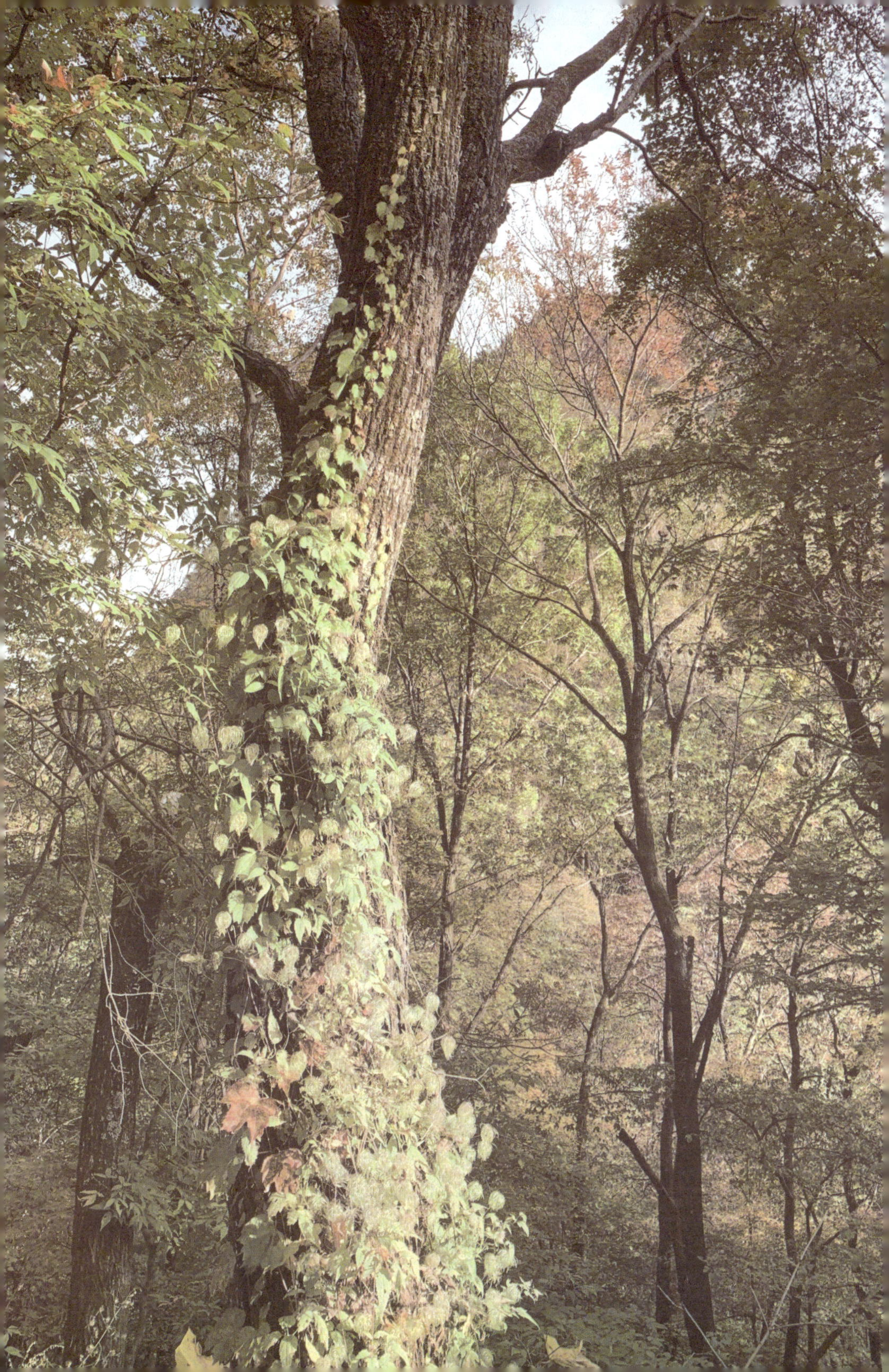

他饮食习惯。老人说:"我喜欢吃鲤鱼,三年中没有一天不吃。"朱丹溪说:"鲤鱼本来有利水功能,但是要注意量。如果像您这样天天吃,摄入过多,影响了脾胃运化,就会变成痰湿,阻滞于肺,肺与大肠相表里,大肠之本不固,引起泄泻。您要忌吃鲤鱼和一切助湿生痰的食物。"接着,他开了暖胃行气、化痰除湿的方子:"以吴茱萸、陈皮、青葱、苣根、生姜煎浓汤,和以沙糖,服用一碗左右。"之后,朱丹溪嘱老人把手指放入喉咙催吐。大约过了半个时辰,老人吐出半升胶状痰,很黏稠。结果当天晚上,老人腹泻程度减轻一半。第二天早晨,朱丹溪又来看望老人,嘱老人按原方再喝一次,按照前法催吐,又吐了半升,泄痢从此就好了。朱丹溪嘱咐老人:"饮食偏嗜,过食肥甘,一定会引起痰湿壅盛,应该清淡饮食。"之后,他又开了平胃散加白术、黄连。老人服用了十剂,就痊愈了。

陈皮

几年后，这位族叔祖又差仆人来请朱丹溪，说自己的孙子中邪了，请巫师来作法，也没有效果。朱丹溪立刻跟随仆人前往。到了族叔祖家里，看见其孙子正在胡言乱语。朱丹溪问话，其孙子答非所问地说："我是已经故去的兄长，附体在弟弟身上，讲述我生前的事。"朱丹溪问族叔祖，这种情况是怎么引起来的。族叔祖说："他有一天酗酒、饱食后，就开始这样，似乎能看见不存在的东西。家人都认为他中邪了。"这时，其叔叔在一旁叱骂这位"亡兄"，希望他不要附体。朱丹溪说："这不是附体、中邪，而是由于饮酒太过、过食腥膻厚味，脾胃运化失常，酿湿生痰，'痰在膈间，使人癫狂'。"于是，他给其孙子灌浓盐汤一大碗。过了不长时间，其孙子就吐痰达一二升。之后，其孙感到非常困倦，睡了一宿，第二天就痊愈了。

这时，族叔祖对朱丹溪说："你还要再给我看看。最近，我每日饮

炒白术

食后，食物必在膈下积滞，而且膈下感觉硬涩、微痛，这是怎么回事？"朱丹溪诊脉后说："气和血阻滞在胃脘下口，脾气不能运化水谷，而水谷酿为痰，这是情绪失调、肝气犯脾胃所致，可能因担心您孙子的病而引起。幸好得病时间不长，尚不难治。用韭菜汁半银盏，慢慢喝下去，喝半斤就可以，再注意调整情绪，病就会好。"族叔祖照此实行，果然病愈。

族叔祖觉得朱丹溪治病如有神助，又数次听朱丹溪说到痰证，这是以前闻所未闻的，就询问朱丹溪："我读过一些医书，很少有论述痰证的，为什么你总是提到痰呢？"朱丹溪答："在行医过程中我发现，很多病症千奇百怪，无法用以前的病机来解释，用传统方法治疗效果也不理想。《内经》《金匮要略》等早就有与痰饮相关的论述，只是后世医家没有重视。我认为，人身体的任何部位只要有结块，不痛不红，不作脓的，只要从痰论治，疗效明显增强。很多症状，如咳喘、呕吐、泄痢、梅核气、癫狂痫、健忘、眩晕、疼痛、肿胀、痞塞、四肢麻木不仁等，也多与痰凝孔窍有关。所以，我提出一个观点：'百病中多有兼痰者。'痰既有有形的，又有无形的；既是病理性产物，又可成为致病因素。"

族叔祖对朱丹溪的论述深表赞成。朱丹溪接着说："我以痰证论治过很多病例，效果往往很好。前些天，我治疗了一位患小便不通病的先生，他之前自行用利尿药治疗，结果病情加重。我诊其脉，右手寸部弦滑，就对他说：'这是积痰之证，积滞的痰在肺里。肺属上焦，而膀胱属于下焦，上焦闭塞时下焦也会不通，譬如滴水的器具，必定要在上边的孔打开之后，水才能从下边的孔里流出。'遂给他服涌吐药，他呕吐了大量痰涎黏液后，疾病就像丢失了一样。"

朱丹溪看族叔祖听得聚精会神，继续举例："一中年女性，多年来自觉喉中有物，咯不出，咽不下，胸中胀闷，有时如发狂状。我给她

玉雕砚滴

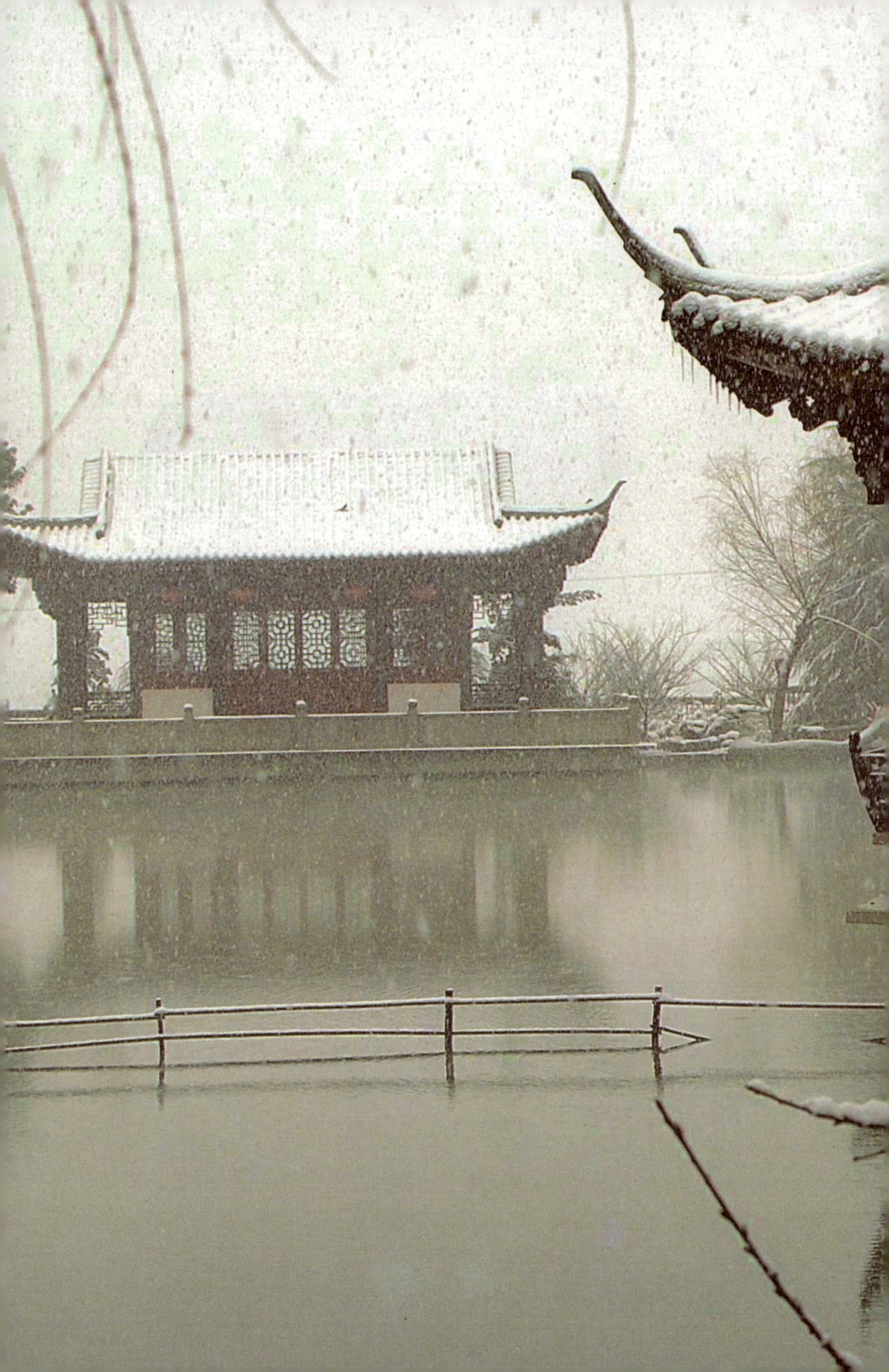

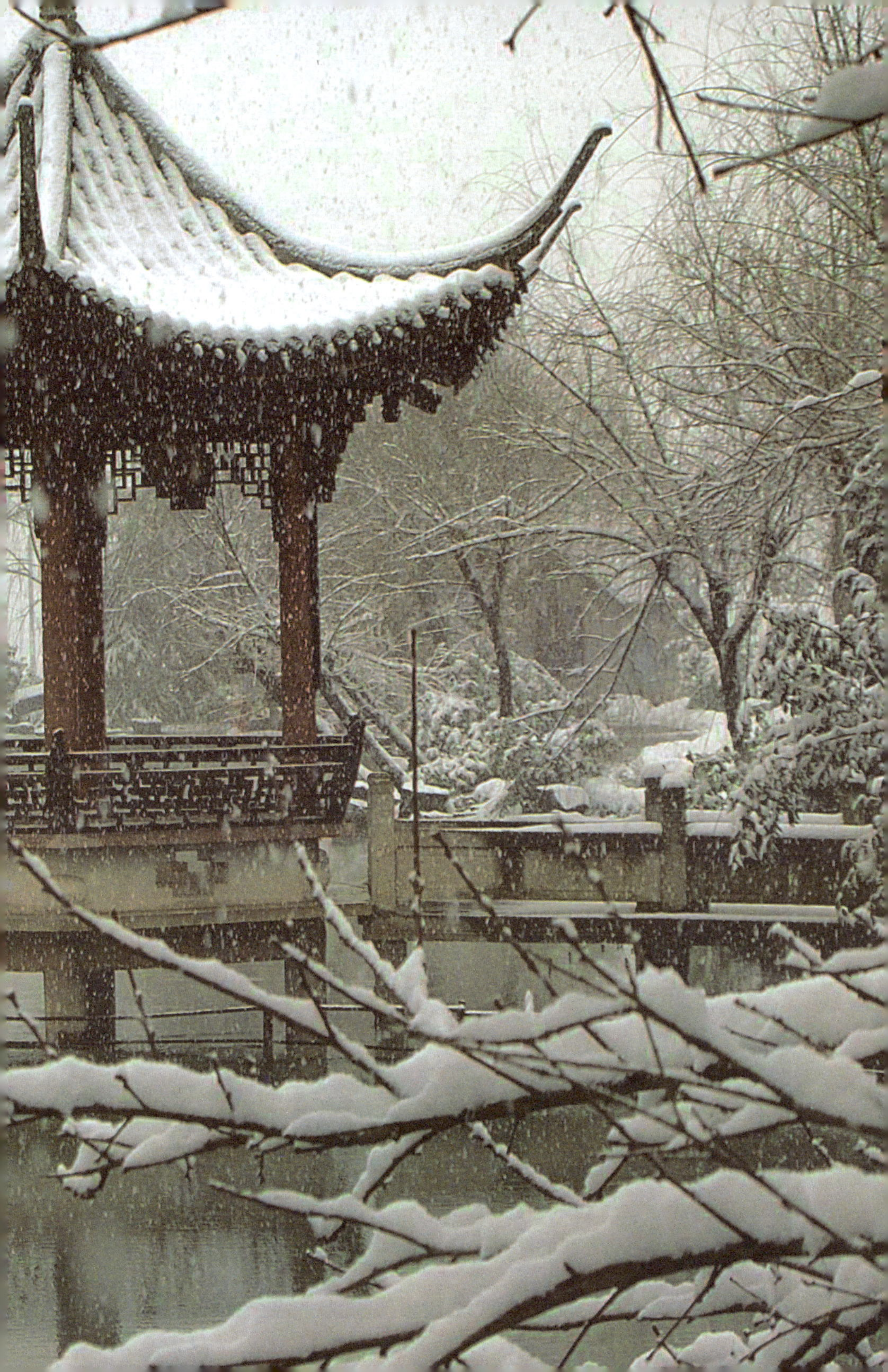

用药物治疗结合心理疏导，很快就好了。于是，我对疾病从痰论治越来越有研究兴趣，创制了青礞石丸、导痰汤、导痰丸、茯苓丸等方子。"

族叔祖又问："痰是怎么引起的？又该如何确定治疗法则呢？"朱丹溪回答："痰主要是脾胃失于运化而酿湿生成，所以实脾土、燥脾湿，是治痰之本。大量使用通利药时也要关照脾胃，如果脾气亏虚，则痰反而容易滋生、增多。可惜的是，很多医生没重视这一点。另外，由于气机不畅则津液易于停滞成痰，痰又易阻气机，所以善治痰者，不以治痰为主而以治气为主，气顺则一身津液也随气而顺。"

族叔祖点头称赞，又问："我看你治痰喜欢用吐、消、下等法，希望你讲讲心得。"朱丹溪说："依据病人的情况而选择先治本还是先治标，由痰所在部位不同，选择吐、消、下等治法。如痰在膈上，胶固稠浊者，必用吐法，若用泻法就不能去除；喉中有物，咯不出，咽不下，是老痰，也要用吐法。若在中焦者，宜调理脾胃。若痰在肠道，可下而愈。另外，

还要区分不同种类的痰，如湿痰、热痰、食积痰、风痰、老痰等，具体加减用药……"

从以上对话中，能看出朱丹溪在治痰方面经验丰富，治法灵活。《丹溪心法》中收载朱丹溪治痰的处方达几十种，多成为现在常用的治痰方。

"阳常有余，阴常不足"，"气常有余，血常不足"。

朱丹溪生活的年代，战乱频繁，热病流行。刘完素倡导辛凉甘寒解表，苦寒泄热存阴；张从正提出攻邪理论，也有使包括热邪在内的病邪随汗吐下而出的意思。但是，医家仍然普遍滥用辛燥的《局方》方剂，而致机体阴气更加耗伤，而致变证迭出。朱丹溪为了改变这种现状，经常提到滥用辛燥药的危害，并提倡阴不足、阳有余的理论。

朱丹溪在与其族叔祖探讨医学理论的过程中，还讲过一个因"精神外驰、嗜欲无节"导致阴气耗散而死的病例："有一位患者，平时脚踝以下经常感觉发热，冬天脚部不盖棉被，常自言禀赋很强壮，不怕冷。

崇山峻岭

我察色按脉，发现他阴虚阳亢很明显，就说：这是足三阴之虚，不是真正的实热证，要早做调养，滋补阴血，疾病才可能好转。对方笑而不答，刚到五十岁，就患痿证，仅半年就死去了。"

族叔祖深表惋惜，又问朱丹溪："为什么人'阳常有余，阴常不足'？"朱丹溪说："我认为，主要有以下原因：

"第一，天为阳，比地大，运行于地的外面；地为阴，比天小，被天的大气托举。人受天地之气而生长，故阳气常有余，阴血常不足。

"太阳永远保持满盈的状态，属阳，运行于月亮之外；月亮有盈缺，属阴，受到日光照射才发亮。所以，人身的阳气易于满盈有余，而阴气的消长规律类似月之盈缺，故常不足。

"第二，小儿是纯阳之体。男子十六岁精通，女子十四岁经行，都是在阴气的作用下才产生的，说明阴生得晚。《素问》讲，四十岁时，阴气已经衰弱了一半。之后，男子六十四岁精绝，女子四十九岁经断，说明阴衰得迅速。人到六七十岁以后，精血俱耗，脾胃虚弱，在没有变故的情况下，已经有虚热证，出现头昏眼花、目眵、肌肤瘙痒、牙齿脱落、健忘、性急等多种症状。所以，阴气只有三十年左右的满盈时间，之后就亏损了。故《礼记》指出，人到五十岁的时候必须养阴。

"第三，有的人情绪波动大，会使得难成易亏之阴气更容易虚损。心是君火，易被外界所感而动，君火动则肾、肝所藏之相火亦动，动则精下泻，也会导致阴虚。阴虚则阳必亢，阳亢亦能伤阴。所以，圣贤总是教人收心、养心。

"第四，饮食、药物过于辛燥。

"以上四点，是阳常有余、阴常不足的原因。"

族叔祖又说："我明白了。那应该怎么调养呢？"

朱丹溪说："最重要的方法就是节欲养精，不过您已经比较注意这

太阳落山

方面的养生了,所以我就不说了。我就说说饮食、药物方面的注意事项。

"热性的、炭火制作的、过度香辣或甘腻的食物,都不可食。虽然肠胃尚好、形体强壮的人,世俗观点认为,不需要忌口,但日久必伤身体。古时重视礼教,人知礼让,小孩儿吃不到肉食,到五十岁才开始少量吃肉,所以古人长寿。现在自觉身体强壮的人,酒食无度,到五十岁,已经多种疾病缠身。我的一位亲戚曾患便秘,每天以牛乳、猪脂和在糜粥中食用,虽然大便通畅了,但是油腻郁于体内,到后一年夏天时,发为胁疮。所以,对这些食物要尽量少吃或不吃。

"老年人在用药方面,要注意燥热之品不可妄用,否则易劫其已亏之阴血。很可惜,社会上流行给老年人服用大热、大毒的《局方》乌附丹剂。可以适当进补益气、养血之品。在东阳有一位老人,七十岁以后稍觉不适,便服用人参汤数剂,不适症状消失,到了九十多岁

茯苓

无疾而终。"

  族叔祖说："这么说，人人都需要注意养阴？"朱丹溪答："在养生中确实是这样。不过在治病过程中，还是要辨证。我曾经治疗过一位得了发热病的少年，两颧红赤，烦躁不安。我给他服用制附子汤。在场的人不解，认为这是明显的阴虚阳亢证，怎么可以用大热之剂呢！可是少年服药后，很快就痊愈了。我之所以力排众议，是因为我发现他是真寒假热。"

  族叔祖听得入了迷。朱丹溪又举了一个例子："一年夏天，我在路上偶遇一位病人家属，请我去看望他生病的父亲。我随他而去，看到病人壮热，神志昏蒙，胡言乱语，四肢不能抬举，喜饮凉水，我诊其脉洪数，重按无力。其家人说，之前有位好心人提出这是感受暑热，应该用《局方》清热的方剂。我说不可，病人脉虽洪数但重按无力，因而其壮热是气虚而阳气外越所致，立即将黄芪、茯苓二味药浓煎成膏样，用凉水调服。连服三四次后，病人就安静了，但仍昏睡。我见他气息已恢复正常，嘱咐不要去打扰他。到了第二天，病人神志苏醒，疾病痊愈。"

族叔祖微笑着点点头。

朱丹溪接着说："我还认为，相火的作用也不能忽视。人能活着，与气血不运动有关，火主动，凡运动变化就是火的作用。五行中唯火有两个，即君火和相火。血液是属阴的，之所以能够不停地流动，是因为相火的推动。所以，人如果没有相火就没有生命。

"但是，心受到外界影响则动，动则君火起，继之相火也妄动。相火寄于肝、肾，受阴血滋养。火煎熬阴血，就会生病，甚至死亡。《内经》认为，相火的暴悍酷烈，比君火更甚。所以，李东垣说，相火是元气之贼。

"在养护和治疗上，朱熹曾经说：'一定要让心中保持恬淡清净。'这是处理相火易于升腾的好办法。《原病式》分别从火的各种形态解释脏腑疾病的多种症状；李东垣以炒黄柏泻足太阳、足少阴的相火；张从正提出肝胆、三焦寻火治。"

族叔祖对朱丹溪的述说表示赞赏。

朱丹溪的相火理论和阳有余、阴不足理论，

丹溪文化园

对于当时达官贵人酒食过度、社会滥用温燥药物的风气，有重要影响；对于竞争日益激烈、精神情绪波动剧烈的现代社会，也有很大的指导意义。

"突破旧论，创立新说"。在朱丹溪的著作里，经常看到他勇于突破旧论、突破世俗之论，创立新说。从古至今，鼓胀都是难治之病。旧论、世俗之论认为"气无补法"，治疗此病不敢补气，而多用通利之法。朱丹溪认为，鼓胀是因脾胃受损，转输失职，以致清浊相混，气滞血瘀、湿热留滞日久而成，所以应当以补益脾胃为主；又须养肺阴以制肝木，使肝木不能乘脾土；还要滋肾水以制火，使肺得清化之令。若拘泥于"气无补法"，不敢补气养阴，则正气将愈发虚弱，气血不能周流营运，邪滞留着而不能祛除。另外，还要忌盐和断除妄想。如果能做到这些，疾病就会逐渐好转；如果急于求效，而大量使用通利药，症状虽可暂时好转，但必然导致邪气积聚、正气虚损而病情愈发危重。

知识加油站

《内经》中水液代谢过程

水饮入胃，胃将精气输于脾，脾布散精气，输于肺，肺将精气输布全身，将代谢的水液输入膀胱。

领春木

黄河黄昏景色

第七章

著书立说　垂法后世

朱丹溪的著作影响力很大，"学者多诵习而取则焉"。他的学说极大地丰富了中医宝库。

朱丹溪年老以后，听从弟子张翼等人的建议，撰写了《格致余论》《局方发挥》《本草衍义补遗》《伤寒论辨》《外科精要发挥》《宋论》《风水问答》等七部著作，将自己的理论和经验传下去。现只有前三部书存世。其弟子整理朱丹溪的著作和学术思想，著有《丹溪心法》《丹溪心法附余》《金匮钩玄》《丹溪手镜》《丹溪医案》《素问纠略》等。《丹溪翁传》记载："学医的人常常诵读研习，从中获得治病准则。"

朱丹溪著书的态度十分严谨，素材来自几十年的点滴积累，很多篇章是从中年行医起逐渐写成的，如《相火论》和《阳有余阴不足论》等，直到晚年汇入《格致余论》。

《格致余论》是朱丹溪六十七岁（至正七年，1347年）时著成，是中国最早的医话专著，比较全面地反映了朱丹溪的学术思想，影响力很大。之所以取名《格致余论》，与理学思想有关。朱丹溪解释：是因"古人以医为吾儒格物致知一事，故目其篇"。书中以"饮食箴""色欲箴"为首，也与朱熹"存天理，灭人欲"的思想不谋而合。

全书一卷，共收医论四十一篇，涉及内容广泛，治法繁多，属于随笔杂记，大致涉及养生、生理病理、诊断、治则、病证、方药等。

《格致余论》最后说，"阴易乏，阳易亢，攻击宜详审，正气须保护，以《局方》为戒哉"，突出了朱丹溪最主要的学术思想。

《局方发挥》一卷是对宋代官修《局方》的批判和发挥。《局方》影响很大，"官府守之以为法，医门传之以为业，病者恃之以立命，世人习之以成俗"。朱丹溪认为《局方》不载病源，只在各方之下条列症候，不重视辨证，其用药又偏于温燥，盛行于世，流弊很大，故对该书存在的偏颇进行批判和发挥，而成《局方发挥》。该书体例是以设问形式提出质疑，继之予以解答。通过三十次问答，对多种疾病的病因、病机、辨证进行分析，提出对《局方》方剂的见解。

朱丹溪在《局方发挥》中着墨最多的是强调辨证论治和阳有余阴不足论，并对《局方》展开讨论。

强调辨证论治。朱丹溪在开篇就说，患者的年龄、体质、病程久暂、标本先后、发病时令、所处方域等因素各不相同，因此，即使同患一种疾病，也应因人、因时、因地制宜，处以不同方药。如果不经辨证就使用古方治疗当代人的病，很难获效。而《局方》载有许多通治某病的方剂，如润体丸等三十余方，都能治疗一切风证；"安息香丸""丁香丸"都能"治一切气"等，朱丹溪对这些错误加以驳斥；批评宋元

武夷山朱熹园

之际众多医家忽视辨证、治病"据证检方，即方用药"、按图索骥的医疗风气；推崇张仲景"因病制方"的医疗思想；阐发滋阴降火的治疗法则。

强调阳有余阴不足。朱丹溪批评《局方》用药偏于温热香燥，易伤阴液。例如，他指出口鼻出血，皆是阳盛阴虚，气上升而不下降，血随气上越，而从口鼻出，所以，应该补阴抑阳，气降则血归经。但是，《局方》竟然"用轻扬飞窜的麝香，佐之以燥悍的金石"。朱丹溪还指出"《局方》治风之方，有十分之九兼治痿病，是犯了实实虚虚的错误"等。朱丹溪在书中主张慎用温补燥热之剂，宜用凉润之剂，如"泻火则肺金清，补水则心火降"等。

林麝

不过，朱丹溪并未完全否定《局方》。《局方》共十四门，朱丹溪评论了其中的几门，给出了相应的建议。在朱丹溪的著作中有不少《局方》方剂的使用记载，其中二陈汤、四物汤还很常用。

《局方发挥》的影响力也很大，《四库全书总目提要》评价："《局方》盛行于金元，至震亨《局方发挥》出，而医学始一变也。"

《本草衍义补遗》一卷也是在朱丹溪六十七岁（至正七年，1347年）时著成，是本草类著作。

《本草衍义补遗》是朱丹溪针对宋代寇宗奭《本草衍义》补订而成，共载药一百八十九种。药物排列无固定模式，对于五行归属、气味归经、

茯苓

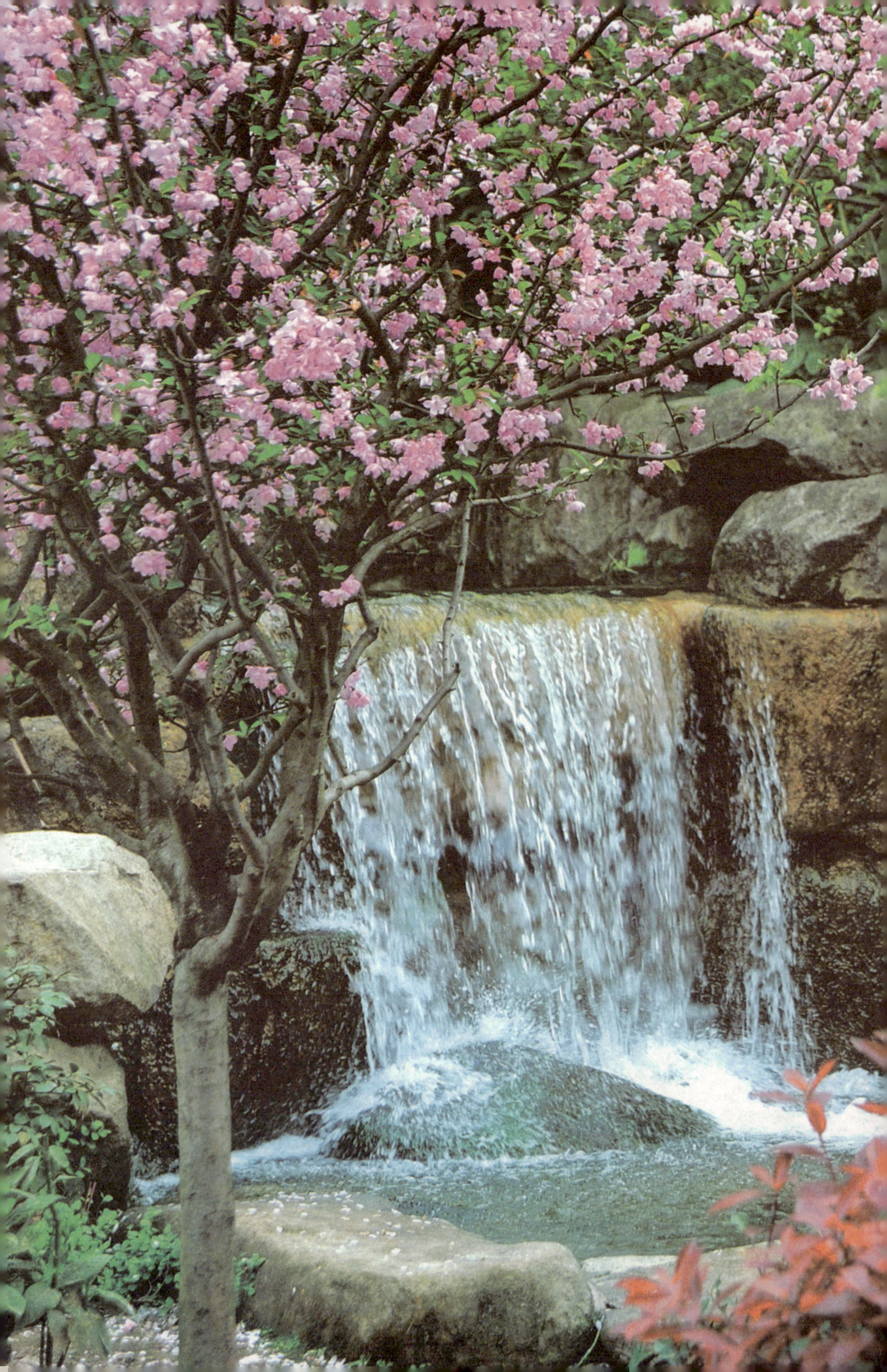

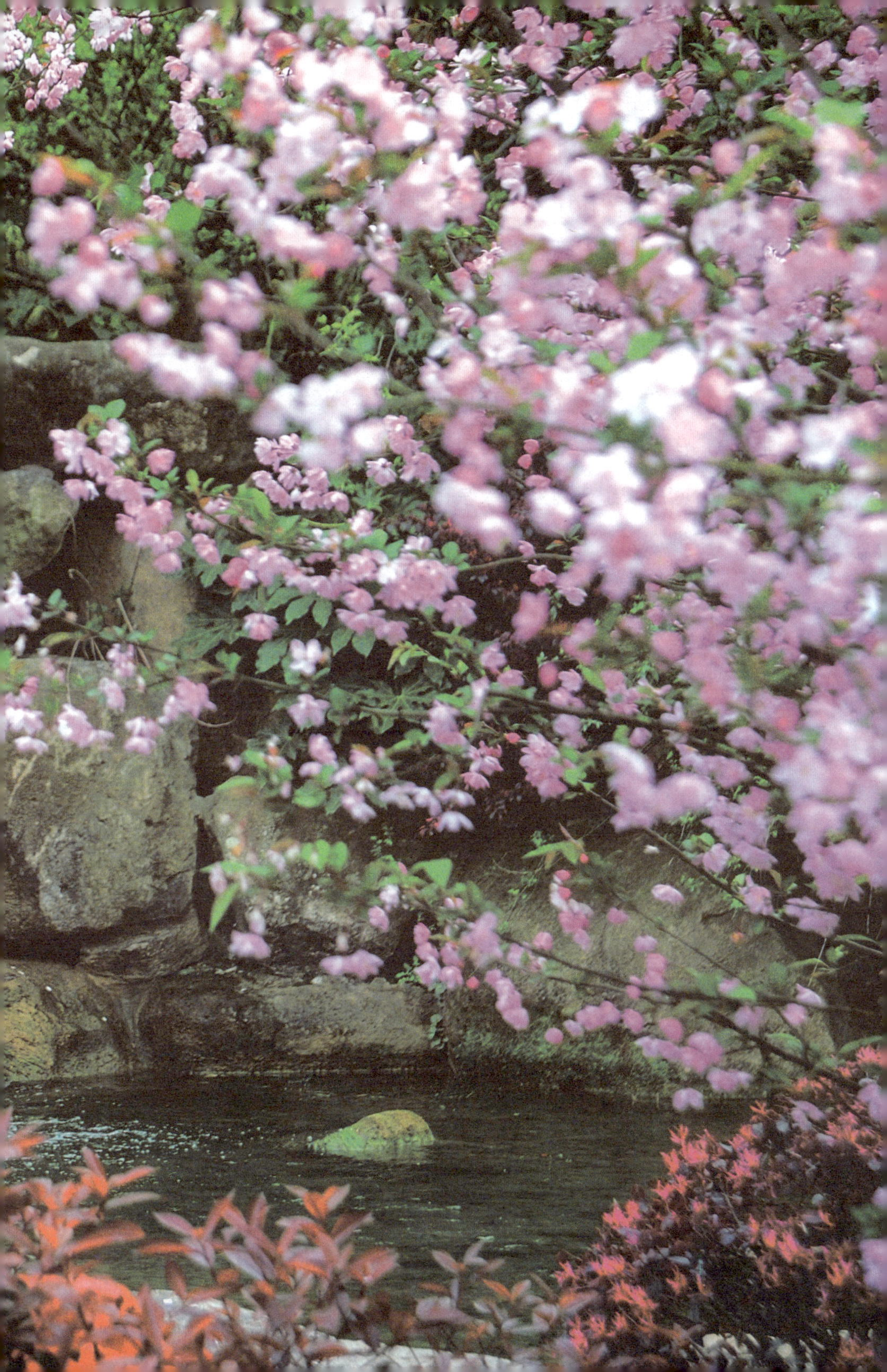

产地炮制、功能主治、禁忌等多有叙述。本书纠正了很多《本草衍义》的错误，又补充了多种药物的功用、主治、鉴别、禁忌等内容，除九种药内容与原著相仿，其余均有不同程度的增补；又新增三十六种药物。论药注重阴阳五行属性，并以此推演药理。书中增补的用药经验，多为其临床心得。

《金匮钩玄》是一本综合性医书，共三卷。卷一、卷二以内科杂病为主，还有少量外科疾病和喉症；卷三为妇科、儿科疾病。此书条理清晰，在养阴和治郁方面着墨较多。末附医论六篇，为戴原礼所加，比较充分地反映了朱丹溪和戴原礼的学术经验。

《丹溪心法》也是一本综合性医书，共五卷。本书全面地反映了朱丹溪学术思想，是这些著作中影响最大的一部。初稿成于1347年，后经明代程充校订，刊于1481年。

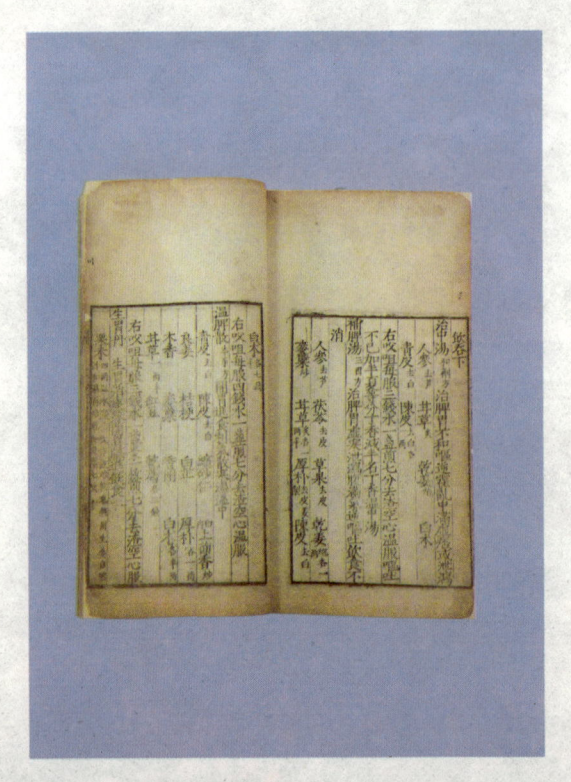

《丹溪心法》

书中详述各科多种疾病，并有大量医论。末附《故丹溪先生朱公石表辞》《丹溪翁传》两篇文章。论述疾病的体例是先引朱丹溪和戴原礼的论述，再列方剂，之后在附录对疾病相关的基本理论、病因、病机进行讲解，并给出大量方剂供参考。

朱丹溪的著作，医论、医案、医方充分翔实，论理透彻，深受广大医家重视。很多医家都直接或间接阐述过朱丹溪的理论。

当代名医焦树德在《医学实践录·医论医话》"阴常不足"节讲述了他对朱丹溪这个理论的理解。首先，他概括了《格致余论·阳有余阴不足论》的论点论据，之后讲述了后世对朱丹溪养阴思想的传承。例如，温病学派重视阴精是受到朱丹溪的很大启发。即使明代张景岳对朱丹溪有所批判，但实际也很注意养阴，他的"新方八阵"的补阵共有二十九首方，养阴方占了十五首，阴阳双补方十一首。接着，焦树德举了两个自己治疗过的相关病例，是在朱丹溪的"阳有余阴不足"理论指导下治愈的。最后，提出临床确实常见阴不足证，温热病后期常用养阴法，说明这个理论确有临床实用价值。另外，他还在部分章节中散在谈及治痰方法。

知识加油站

朱纪相会活动

传说有位抗倭的纪将军崇拜朱丹溪，逝后给百姓托梦要见偶像。从此上清年年举办此活动。

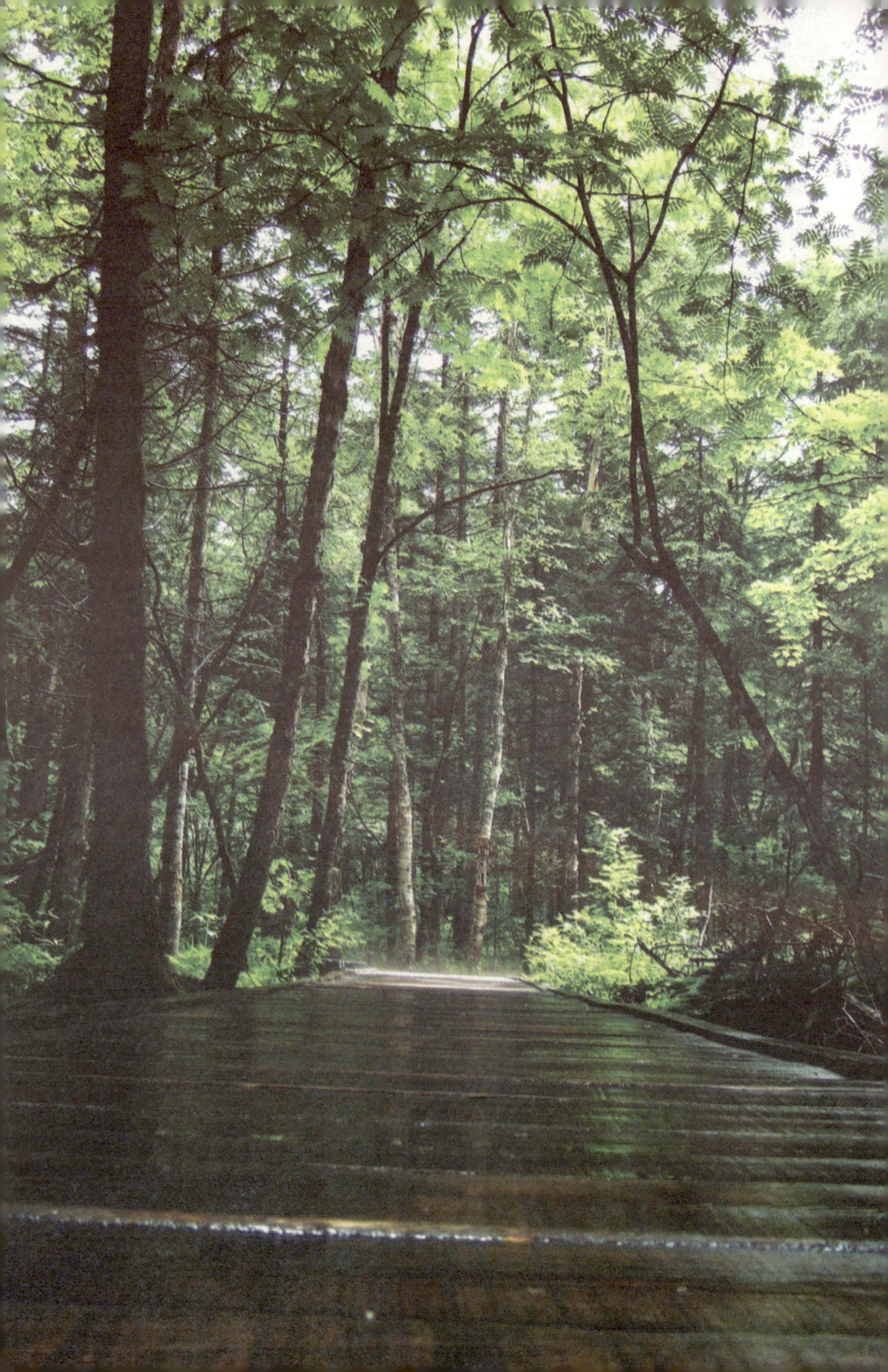

第八章

被誉医宗 万众铭记

朱丹溪被誉为"一代医宗",去世后,社会各界用多种方式纪念他。他的学说极受古今医家重视,一直被传承。

元至正十八年(1358年)六月,朱丹溪出诊远行,回家后感觉疲倦,睡了三天。二十四日这天,他醒来,端坐在椅子上,让人把他的学生和后辈叫来,说的最后一句话是:"学习医学也是艰苦的事情,一定要谨慎、认真对待。"之后,朱丹溪就去世了,终年七十八岁。十一月,他被葬于义乌东朱山之原。

朱丹溪原墓是与妻、长子的合葬墓,始建于元至正十八年(1358年),清乾隆十三年(1748年)及1946年修葺。明清时期一些学者对朱丹溪推崇备至,常远道前来祭奠。其墓于20世纪60年代被破坏。现墓是1982年重修,墓丘圆形,下

朱丹溪墓

部石砌。墓前立有"元名医朱丹溪墓"碑，介绍朱丹溪生平。

朱丹溪精于辨证论治，提出"操古方以治今病，其势不能以尽合"，还极大地丰富了痰证理论，善用情志疗法，倡导养生、治未病，创立了养阴派，集金元四大家中前三家学术之大成，医德高尚，被誉为"一代医宗""金元四大家"之一。《名医杂著》中说："外感法仲景，内伤法东垣，热病用河间，杂病用丹溪，一以贯之，斯医道之大全矣。"明代方广也说："求其可以为万世法者，张长沙外感，李东垣内伤，刘河间热证，朱丹溪杂病，数者而已。然而丹溪又贯通乎诸君子，尤号集医道之大成者也。"

朱丹溪去世后，众人云集，洒泪送别。

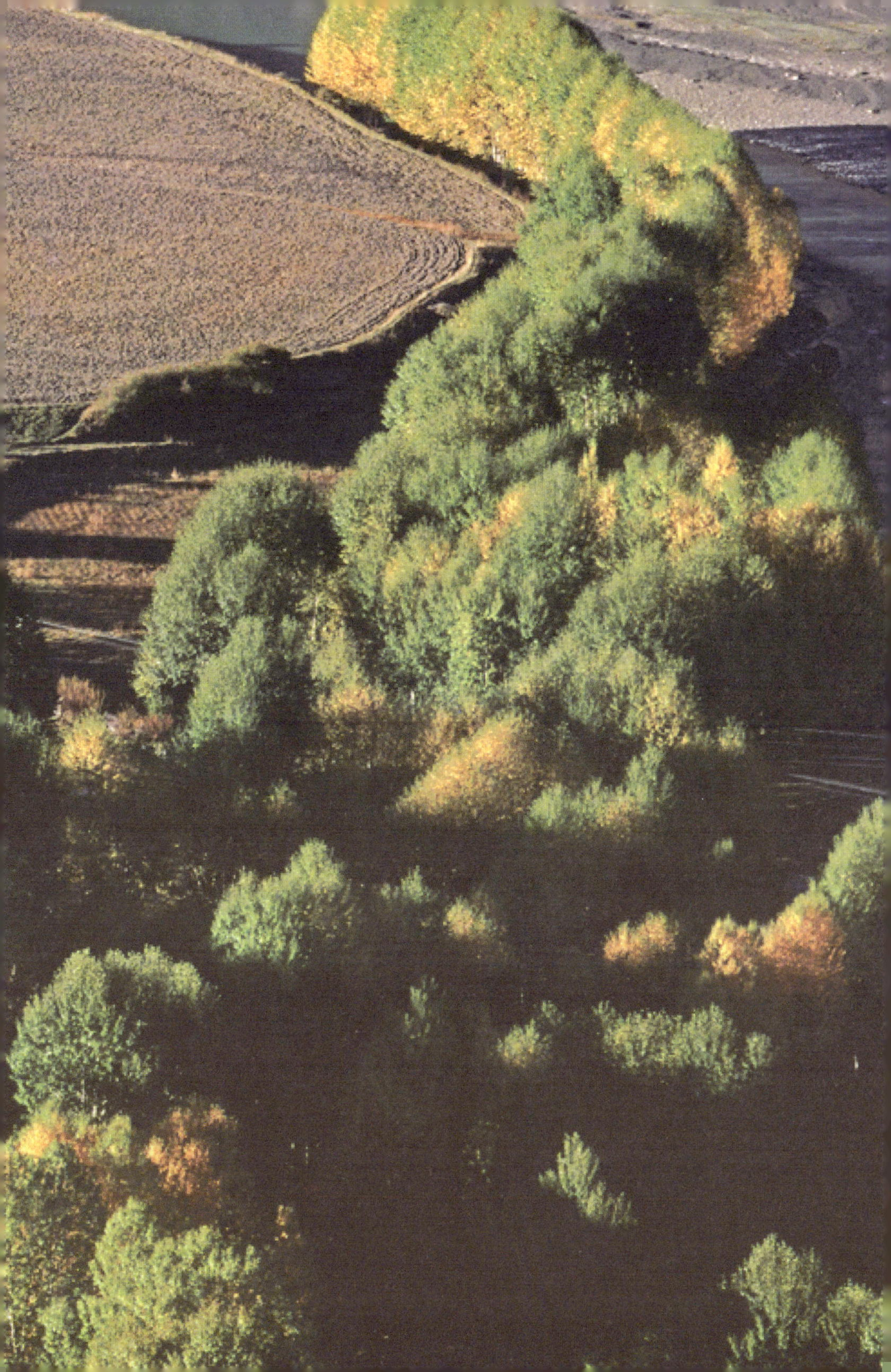

朱丹溪的忘年交宋濂受朱丹溪后人所请，撰写《表辞》，开篇首先表达悲痛心情："丹溪先生既卒，宗属失其所倚藉，井邑失其所根据凭，嗜学之士失其所承事，莫不彷徨遥慕，至于洒涕！濂闻之，中心尤摧咽不自胜……"之后，他叙述朱丹溪籍贯、世家、儒业、师承、亲朋等，最后盛赞朱丹溪的成就、举止、品行。

戴良撰《丹溪翁传》，则较为详细地记述了朱丹溪的医学理论，之后记载了朱丹溪的十二个病例，以示朱丹溪治病不拘泥于古方，精于辨证，疗效神奇。文章最后高度评价朱丹溪："丹溪先生衣着简朴端庄，诚实谨慎，品行高尚，温文尔雅，坚毅正直，超凡脱俗。祭祀的时候，都要考订其礼仪规定，恭敬地哀泣先人；尽心奉养母亲，按时调节其饮食起居。宁可对自己和自己的子女节俭，也一定要厚待兄弟和兄弟后代。不是适宜的朋友就不去结交，不是正当的道理就不去谈论。喜欢谈论古今得失的问题，常表现出先天下之忧而忧、后天下之乐而乐的情怀。达官贵人常常屈尊虚心地请教他，丹溪先生发自肺腑地向他们陈说治国理民之道。以纲常伦理作为与人交往的标准。如果与之谈论华而不实之言，或涉及名利之事，就面露不悦之色，甚至不顾对方面子而起身离去。丹溪先生就是如此地超凡脱俗……遇到求医者，在治病之余，经常用理学来启迪他们的心志，恳切地给人以教诲，使人振奋、感动、自我鞭策。"

朱丹溪去世的消息传到上清，上清百姓悲恸欲绝。朱丹溪当年在这里指导灭除瘟疫时，活人无数，当地百姓感念其大恩大德，无以为报，有些人画朱丹溪像以供奉。朱丹溪已经仙逝，以张、蔡、李、鲁四大家族为首集议，要为朱丹溪雕塑金身，建造庙堂，让子孙千秋不忘，代代祭祀。

上清四大家族带领百姓建庙，首先是选择庙址。当时，上清镇最宏伟的建筑物之一是长庆坊，它是张天师的累世府第。明朝洪武元年（1368年），第四十二代天师张正常赴京朝贺，朱元璋"赐白金十五镒新其第"，张正常便用这笔御赐款，新建了一座嗣汉天师府，其全家从此迁出了长庆坊。张、蔡、李、鲁四大姓族长认为，长庆坊气势宏大，是为恩人朱老爷建庙祭祀的最佳之处。他们征得张正常天师应允后，按庙宇格局对长庆坊做了改建，更名为长庆庙，同时请了附近最有名望的雕刻师，精心雕刻了朱丹溪樟木像，将其供奉于正殿。庙门顶高悬"医宗朱丹溪庙"匾额，庙门前种植樟树，当地百姓称"朱老爷庙"。

上清镇修建长庆庙后，朱丹溪曾到过的贵溪等其他数十个地区也相继建庙或建殿祭祀，多数至今尚存，如周坊镇库桥村庙、文坊镇虹桥村八阁庙、流口镇墩尚村庙、罗河镇青泥冈庙、天禄镇莲塘村庙、塘湾镇高畈村金华山庙、塘湾镇白果村姚河的长庆殿等。

长庆庙在明朝时经过当地百姓几次捐资修缮和扩建，气势恢宏。

朱丹溪文化园

朱丹溪墓和香炉

后来，在清代康熙、雍正、乾隆三朝，地方政府多次修补，又增加了朱夫人像。1925年再次重修，同时将朱丹溪的雕像改成塑像。1986年又重修，尚存供奉朱丹溪像的正殿和庙前六百多年历史的樟树。其余地区的朱丹溪庙改革开放后部分地区也重新修建。

在长庆庙建好后，当地村里就有传言，有村民在朱老爷庙里看见朱丹溪得道成仙，龙行虎步，垂手过膝，非常慈祥，又十分威武。其上方祥云笼罩，周围紫气弥漫。朱丹溪仍旧整天忙碌地行医济世、赐福众生。这个传言流传很广，一些临近地区的病人也会前来朱老爷庙祈福。

从元末至清代，瘟疫频繁，福建、浙江、江西等地的百姓在遭遇瘟疫或灾情时常至庙中祈求朱丹溪保佑，一代医宗在民众心目中逐渐演变成保佑人民健康的神祇。这使得纪念朱丹溪的行为逐渐演化成民俗活动，这种民俗活动以贵溪为最。

贵溪地区纪念朱丹溪有三大民俗活动，从元末至今延续不绝。

一是元宵节抬像出游。在上清镇，每年农历正月十五日，上清百姓都要举行祭祀大典，众人焚香，之后在祈请声中将朱老爷像抬上轿，从下街游向中街、上街和后街，之后返回庙中。在游街时，沿街店铺纷纷焚香、放鞭炮迎接朱老爷。行经中街天师府时，天师向朱丹溪像行礼，有时甚至加入游街队伍中。

二是贺生日。贵溪多个朱老爷庙每年七月二十二日举行贺生日活动。二十一日晚上，众人守于庙内，至凌晨，庙内敲锣打鼓，庆贺朱老爷诞生。二十二日，来自全国各地的信众齐聚庙内，人山人海，庙方举行隆重的纪念仪式。

三是庙会（当地称"漾会"）。贵溪有两大庙会，一个是上清长庆庙庙会，一个是青泥冈庙会，都起源于纪念朱丹溪诞辰。

庙会每年请的戏班子都是来自朱丹溪的家乡。庙会期间，人潮涌动，庙门附近总是水泄不通，长庆庙在此期间每天设宴迎接信众及游客。

当地旅游部门曾接受新闻采访说，贵溪各地朱丹溪庙接待的游客，每年总计约在十五万人，其中长庆庙人数占据大半。来上清旅游者，在参观天师府、上清宫之后，多来长庆庙参拜或游览，不仅是江西省，福建、浙江、湖南等省，来参拜的人也很多。在三大民俗活动期间，游客数量达到顶峰。

随着时间的推移，关于朱丹溪的传说越来越多，在民间还逐渐演变成一些神话故事，流传至今，并且写进了一些地方文献。如《龙虎山志》载有《朱丹溪传》；《畅游龙虎山·千年古镇风犹存·长庆坊》记述了朱丹溪庙的状况及其传说；《贵溪故事汇》有《朱丹溪塘湾行医》；《贵溪地名故事》有《八阁庙：神医济世被供奉》等。

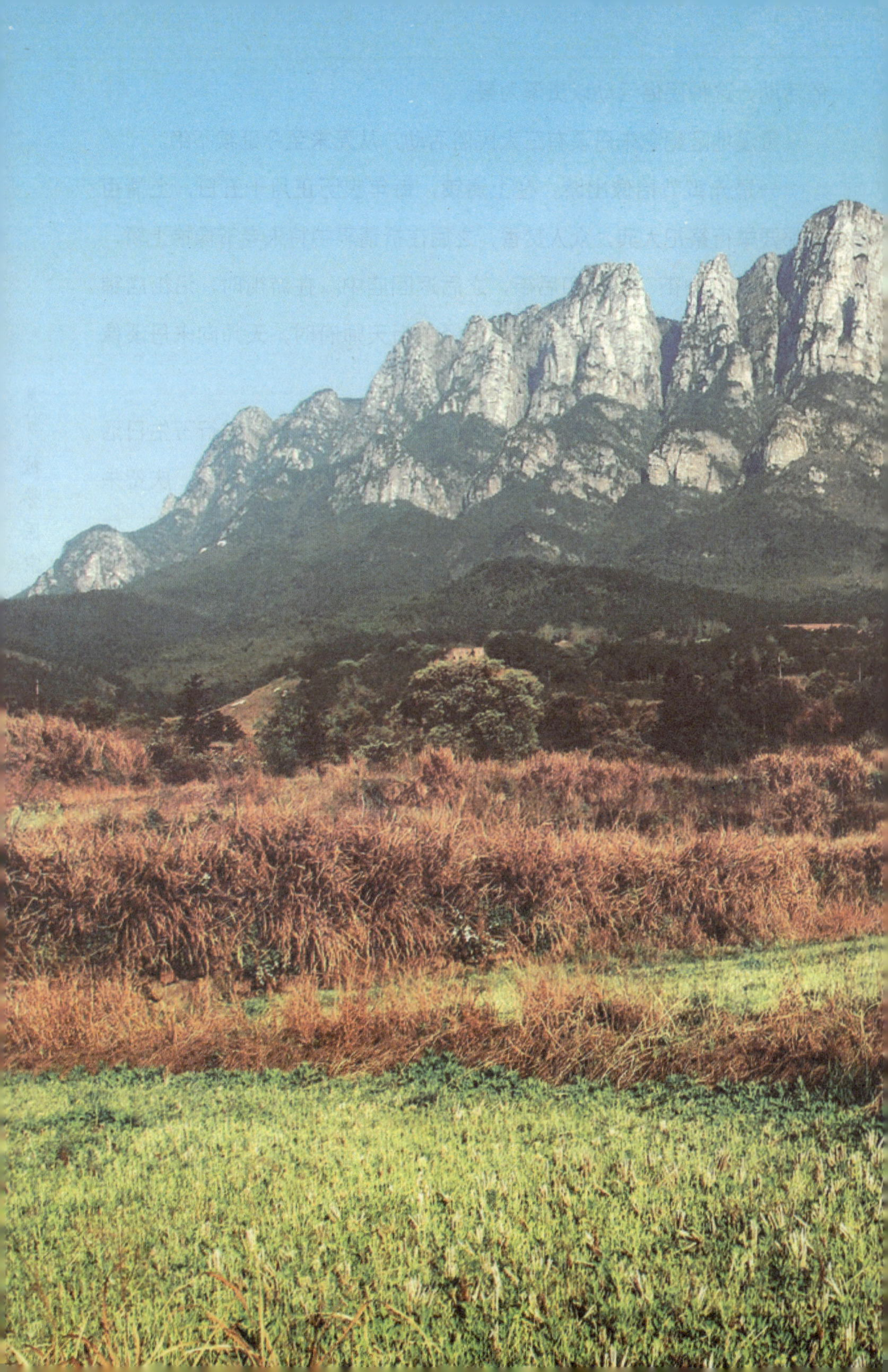

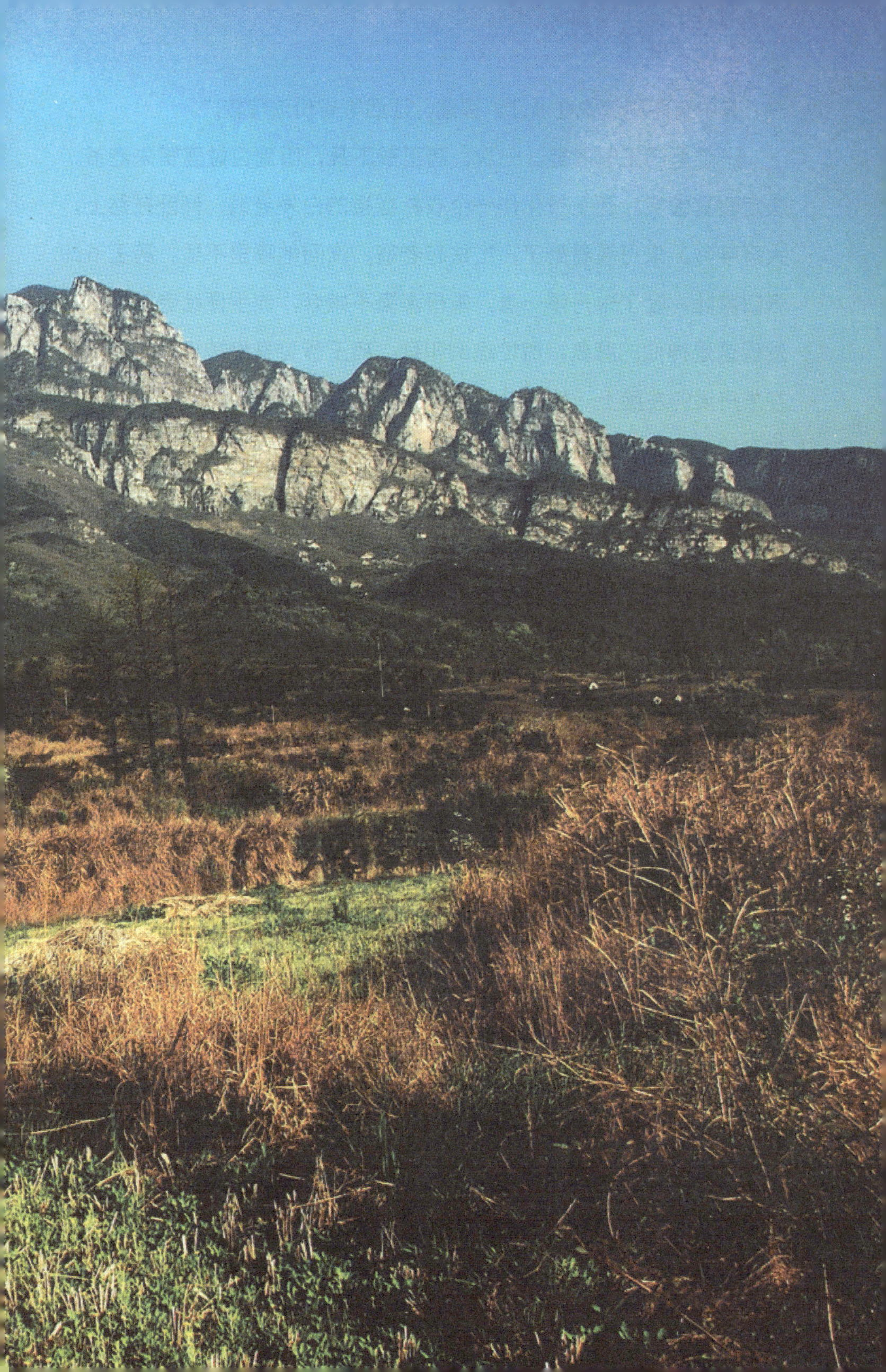

其中有两则传说在浙江、福建、江西等省份流传较广。

一个是药王爷收徒。一次，药王爷下凡，听到百姓盛赞朱老爷，决定察看虚实。药王爷化作一个衣衫褴褛的白发老翁，仰卧在路上，大声呻吟。朱丹溪看到了，忙扶起老翁，询问他哪里不适。药王爷却张口就吐，吐了朱丹溪一身。朱丹溪毫不嫌弃，伸手便给老翁切脉，发现这是神仙的脉象，慌忙跪倒叩拜。药王爷见身份被识破，便抬手在朱丹溪的左脸上一抹，说："果然名不虚传！我收你为徒。"此后，朱丹溪的医术更加精湛，但他的左脸被药王爷一抹，从此变黑了，这是药王爷收徒的印记。所以，在当地的朱丹溪庙里，其塑像的脸部多是半边白半边黑。

另一个是"张天师驱蚊孝奉慈母，朱丹溪治鼠恩泽百姓"。在福建泸溪河东岸的许家村，因为没有蚊子，又叫"无蚊村"，村民普遍长寿，所以又称"长寿村"。

南方是"瘴疠之地"，古代文献早就记载，蚊子、老鼠多的地方"瘴气"就重。现代科学发现蚊子、老鼠能传播多种传染病，包括疟疾。

可是，该村为何没有蚊子，村民又为何长寿？传说这与张天师和朱丹溪有关。

曾经的许家村也是瘴气肆虐的重灾区，成群结队的山蚊子和老鼠神出鬼没，它们的头领是盘踞于此的蚊公蚊婆和有数百年道行的老鼠精。这些蚊子咬起人来就是一个大包，老鼠咬起东西来就是一个大洞。村里人形容蚊子和老鼠的个头之大，有则顺口溜：三只蚊子一盘菜，三只老鼠一麻袋，老鼠尾巴做腰带。村民对这种情况毫无办法。

有一天，张天师陪伴母亲来许家村仙水岩游玩，沿路之上，是看不尽的山清水秀、奇峰异岭。不觉红日西沉，夜幕降临。于是，他们借宿许家村。结果，天师母亲被蚊子咬得全身红肿。天师看到后，心

药王庙

疼母亲，轻轻一扇宝扇，即见："蚊公蚊婆，哼哼唧唧，拖儿带女，逃出山窝。"

百姓发现蚊子突然没有了，觉得奇怪。不久，张天师来此的消息不胫而走，大家才知道蚊子是被张天师赶走的。于是，他们聚集到仙水岩，请求天师再把老鼠赶走。张天师有点儿犯难了，老鼠精已经有几百年的道行，不好对付。他想到，朱丹溪在当地被当成神灵供奉。于是，他带领百姓举行了一场斋醮，请来已经位列仙班的朱丹溪。

朱丹溪踏祥云，降落到许家村后，看到老鼠横冲直撞，村民又贫病交加，就和张天师一起找到老鼠精，要求它离开这里。老鼠精觉得

朱丹溪和张天师合力对付自己,自己没有取胜的把握,无奈之下,带领众老鼠离开了这里。

从此,许家村再也没出现过蚊子和老鼠。

朱丹溪看到当地村民普遍疾病缠身、寿命很短,就赐给他们丹药,又告诉他们长寿之道。他们服用后,疾病立刻消除,之后每一代子孙都长命百岁。从此,这个村又叫"无蚊村""无鼠村""长寿村"。

从这个神话传说,看得出村民对张天师的爱戴和对朱丹溪的怀念。

这个村为什么没有蚊子和老鼠呢?可能有三个原因:一是该村地理位置特殊,不利于蚊子和老鼠生长;二是该村周围种满了桉树,有

夕阳

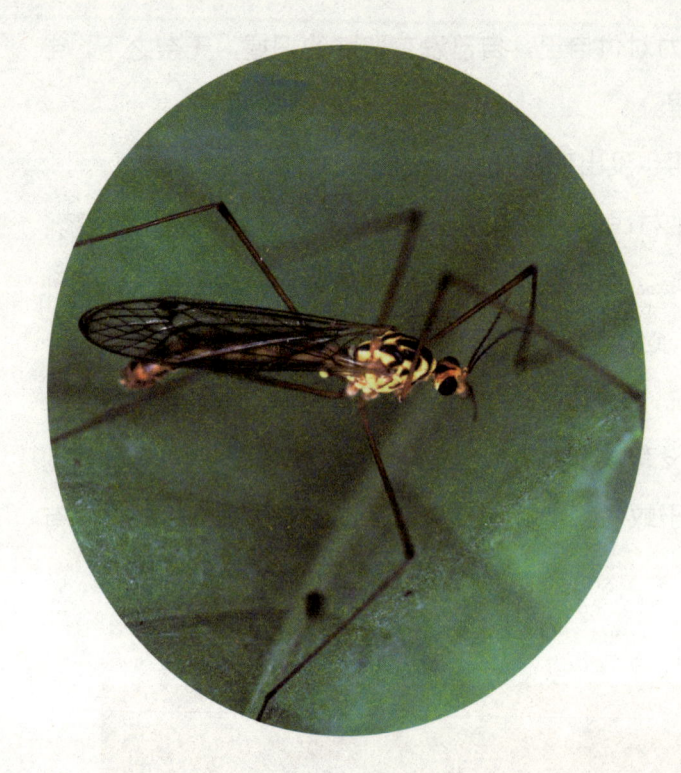

蚊子

驱蚊功能；三是距村庄不远处有一山洞，洞内有成千上万只蝙蝠，树上有猫头鹰栖息，一到夜晚便捕食蚊虫和老鼠。

这里的村民长寿，可能主要和环境有关，此村依山傍水：三面环山，山峦层叠；一面对水，碧波荡漾；村内桉树葱茏。另外，还与村民饮食清淡、起居有常、劳逸适度等生活因素有关。

除了这两个传说，还有"丹溪娶妻冯金莲""开棺救活母子两条命""朱丹溪为公主治病被皇帝冤杀""朱丹溪镇妖"等传说。

几百年来，朱丹溪的医学思想已经深入祖国的医学宝库中。凡是学医者，一定对朱丹溪这个名字耳熟能详；凡是大师级的名医，一定对朱丹溪的养阴论、痰湿论、情志疗法，及经过朱丹溪传承并完善的补益脾胃、攻邪等疗法运用娴熟，如王履、戴良、王纶、汪机、叶天士、吴鞠通、赵绍琴等众多古今名中医，都直接或间接论述、实践过朱丹溪的理论。

朱丹溪的学说，不仅在国内影响深远，在日本、韩国等国家，也广为流传。15世纪时，日本人月湖和田代三喜等将朱丹溪的理论传入日本，形成了"丹溪学派"，近代又成立了"丹溪学社"，延存至今。

随着国家和世界对中医的日益重视，朱丹溪的医学思想一定会继续传承创新，发扬光大！

知识加油站

朱丹溪陵园

朱丹溪陵园位于赤岸镇东朱村。陵园内中医文化气氛浓郁，有朱丹溪纪念馆、鹤望轩、爱仙亭、一望亭等著名建筑。

蝙蝠